作者像

作者简介

罗栖霞（Julie Lechemin），北京大学图书馆学与文学学士，法国巴黎第八大学文献和科技信息数据库硕士。法国国家图书馆（Bibliothèque nationale de France）与黎世留图书馆写本部文献自动化与数字化组编审员、写本部中文馆藏机读编目负责人。曾任法国国家图书馆写本部与某跨国编目公司合作将写本部中文馆藏卡片目录转换为机读目录项目总编目指导与校审，法兰西学院汉学院图书馆客座馆员等。在《中国国家图书馆学刊》《民俗典籍文字研究》等学术期刊上发表论文多篇。

内容简介

法国国家图书馆以存藏汉学图书而闻名于世，这批著作也是法国汉学崛起的重要资源。整理这批著作，进行跨文化编目，加强学术利用，促进文化交流，体现了中法学者的长期付出与共同智慧。本书重点考察法国国家图书馆收藏的这批汉学图书的历史源流、印本特点、书目范围、内容要点和中法学术交流史。

［法］金丝燕　董晓萍　主编

“跨文化研究”丛书（76）

法国国家图书馆：汉学图书的跨文化典藏

［法］罗栖霞（Julie Lechemin）　著

中国大百科全书出版社

图字：01－2019－1424

图书在版编目（CIP）数据

法国国家图书馆：汉学图书的跨文化典藏 /（法）罗栖霞著．—北京：中国大百科全书出版社，2019.4

ISBN 978－7－5202－0471－2

Ⅰ．①法… Ⅱ．①罗… Ⅲ．①汉学—图书典藏—法国 Ⅳ．①Z838

中国版本图书馆 CIP 数据核字（2019）第 046339 号

责任编辑 李 静
封面设计 程 然
责任印制 魏 婷
出版发行 中国大百科全书出版社
地　　址 北京市阜成门北大街 17 号　　**邮政编码** 100037
电　　话 010－88390969
网　　址 http://www.ecph.com.cn
印　　刷 北京汇瑞嘉合文化发展有限公司
开　　本 787 毫米×1092 毫米
印　　张 3.375
字　　数 52 千字
印　　次 2019 年 4 月第 1 版　2019 年 4 月第 1 次印刷
书　　号 ISBN 978－7－5202－0471－2
定　　价 39.00 元

教育部人文社会科学重点研究基地重大项目
“跨文化学理论与方法论”
（项目批准号：16JJD750006）

综合性研究成果

教育部人文社会科学重点研究基地
北京师范大学民俗典籍文字研究中心
北京师范大学跨文化研究院敦和学术基金

资 助 出 版

“跨文化研究”丛书
编辑委员会

总　序

“跨文化研究”丛书是教育部人文社会科学重点研究基地重大项目“跨文化视野下的汉字、汉语与民俗文化研究”的综合性成果，由教育部人文社科重点研究基地北京师范大学民俗典籍文字研究中心执行，由承担北京师范大学“跨文化学研究生国际课程班”教学任务的中外学者撰写。

跨文化研究事业发端于北京大学，奠基人是北京大学著名教授乐黛云先生，乐先生同时也是中国比较文学专业的开创者，以往中国跨文化研究领域的学者也大都集中于这个领域。在法国，由新一代汉学家金丝燕教授领衔，开拓了跨文化、跨学科和跨文本的学科建设。北京师范大学近年开展的“跨文化学”学科建设之不同，在于将这门吸收世界前沿学问并提倡平等对话的学科向中国学术文化领域全面推进，同时也让中国历史文明与现代人文社会科学研究成果，通过跨文化的桥梁，公之于世，进行对话和交流。这种学科转向是经过长期准备的。

四年来，乐黛云先生、法国著名汉学家汪德迈先生、金丝燕教授、中国传统语言文字学家王宁先生和民俗学家董晓萍教授等联袂投入，将跨文化研究由文学门类，推向中国古代哲学、传统语言文字学、民俗学和科技史学等主要使用中国思想材料研究中国学问的领域，使多元文化发展与跨文化学学科建设整体关联的理论付诸实践。令人欣喜的是，中外学者对此一致响应，现在陆续出版的这套丛书，正是各国教授共同努力，从各自以中外不同视角长期从事研究所取得的学术成就中，精心提炼的一部分研究成果。

我们希望这套丛书能为跨文化学的理论和方法论建设提供砖瓦，也期盼中外高校跨文化学研究的人才队伍不断壮大。

本项工作得到北京师范大学研究生院的长期支持，北京师范大学民俗典籍文字研究中心和北京师范大学跨文化研究院敦和学术基金提供了出版资助，谨此一并致谢！

“跨文化研究”丛书编辑委员会

2018 年 8 月 28 日

目　录

前言

2017年12月初，应北京师范大学跨文化研究院和教育部人文社科重点研究基地北京师范大学民俗典籍文字研究中心“跨文化研究”系列讲座之邀，我从巴黎飞赴北京，在北京师范大学京师学堂第五会议室，作了以“法国国家图书馆写本部中文典藏与查询利用”为专题的学术演讲。法国汉学界与中国学者对法国国家图书馆的中文藏书已做了多年的基础工作和部分合作研究，本次是在前人工作的基础上，在部门领导的支持下，查证资料、更新数据，首次面向中国重点高校的学者、研究生和与高校紧密联系的不同学术机构、文化部门和出版单位，全面介绍法国国家图书馆写本部的中文藏书，重点介绍中文古籍、敦煌写本和历代汉字拓片，以增加中国学术界和图书界对法国国家图书馆的历史渊源、对外开放和现代化利用的了解。北京师范大学与北京大学师生、图书馆馆员，商务印书馆编审等近百人听取了演讲，现场气氛积极热烈。本书是在此次演讲稿基础上补充修改而成的。

在此之前，2017 年 9 月底，中法合作高校双方教授一行，包括法国阿尔多瓦大学金丝燕教授、北京大学王邦维教授、北京师范大学资深教授王宁先生和北京师范大学董晓萍教授等，曾到我供职的法国国家图书馆查阅学术研究所需中文文献，写本部东方分部主任洛朗·何瑞熙（Laurent Héricher）和我负责接待工作。双方还就 20 世纪 30 年代中国学者王重民在法国国家图书馆整理伯希和书目和敦煌文献的历史价值进行了座谈。此行扩大了中法学者利用法藏中文典籍的可能性。两个月之后，洛朗·何瑞熙主任与我一起到北京师范大学的讲学，正是继续开展这项学术文化交流工作的一部分。我们希望通过双方的努力，推进中国学术界和年轻一代高级人才扩大对海外中文图书资源的认识，推动学术资源共享。

20 世纪 80 年代，我毕业于北京大学图书馆学系，而这个系正是由上面提到的中国著名目录版本学家、敦煌学家、图书馆学家王重民先生创办的。后到法国工作二十余年，在此期间，获法国巴黎第八大学文献系数据库专业硕士学位，进入法兰西学院（Collège de France）下属的高级汉学研究院（Institut des hautes études chinoises）图书馆工作，再到法国国家图书馆从事编目等工作。数年来的学习和工作经历，使我对法国国家图书馆的历史馆藏，特别是中文典藏，以及法国汉学家的重视程度，有了深入的了解。在此，要再次感谢中法学界的前辈们，是他们以丰富的学识和辛勤的劳动，为世界各国读者提供了查阅海外中文藏书的便利条件。其中，王重民先生对法国国家图书馆中文图书的大量鉴定工作，对敦煌手稿的编目工作，都在中法图书馆史上留下了浓墨重彩的一笔，属于里程碑式的启动。与此同时，法国国家图书馆杜乃扬（Roberte Dolléans）馆员，按照民国时期中法学者交换计划，与王重民先生交换，到北平图书馆整理法文书目，其间与中国著名学者袁同礼、向达等建立了学术友谊。她返回法国后，又继续校对王重民校订的“伯希和 A 藏—B 藏”的法文目录部分，使之成为中法合璧的目录。在中国期间她还搜购了一批民国时期出版的中国珍本书刊，带回法国，后来入藏法国国家图书馆写本部，其中包括“中国民俗学之父”钟敬文先生的早期著述，这在法国学者中也是不多见的。对中法两国学者的学术贡献，本书都做了介绍。

在本书即将付梓之际，我要衷心感谢法国国家图书馆写本部领导给予本人在工作与研究上的大力支持与多方帮助。他们是：写本部部长伊莎贝尔·勒玛纳·德·舍尔蒙（Isabelle Lemasne de Chermont）夫人、写本部副部长马居·雷圭业（Mathieu Lescuyer）先生、写本部东方分部主任洛朗·何瑞熙先生，与法国国家图书馆规划部部长裴程（Cheng Pei）先生。

感谢王宁先生对这项工作的高度重视。感谢学长王邦维教授和金丝燕教授的鼓励。

最后，郑重感谢董晓萍教授为推动、修改和出版本书所付出的大量辛劳。

罗栖霞（Julie Lechemin）

2018 年 12 月 3 日于巴黎

第一节
法国国家图书馆与黎世留馆

法国国家图书馆是举世闻名的世界图书资源宝库，也是法国汉学研究的重镇。14 世纪，国王查理五世（Charles V）颁布敕令，将历代皇家保存的近千种文献，集中收藏于卢浮宫图书馆，由此诞生法国皇家图书馆，至今已有 650 年的历史。该馆收藏中文图书逾 300 年，超过 15 万册，尤以收藏敦煌文献知名，为法国汉学和中国学术界的海外汉学研究提供了独特的学术文化舞台。了解法国国家图书馆馆藏的中文图书，认识它的存藏历史与利用现状，讨论它与中法学者研究工作的联系，是当今方兴未艾的跨文化研究与交流必须开展的工作。

法国国家图书馆原为法国皇家图书馆，始建于 1368 年，1570 年固定在巴黎，1720 年迁入巴黎中心区黎世留街的方形庭院。19 世纪末期，经过扩建，形成法国国家图书馆老馆的规模。1996 年底，法国国家图书馆新馆弗朗索瓦·密特朗（François Mitterrand）图书馆建成后，为了便于区分，法国国家图书馆的老馆因坐落于巴黎二区的黎世留街，被称为黎世留馆（Site Richelieu）。"黎世留"，在法语中指"富裕的地方"。黎世留（Armand Jean du Plessis de Richelieu，1585—1642）是一位著名历史人物，曾任法国国王路易十三的宰相，被称为"法

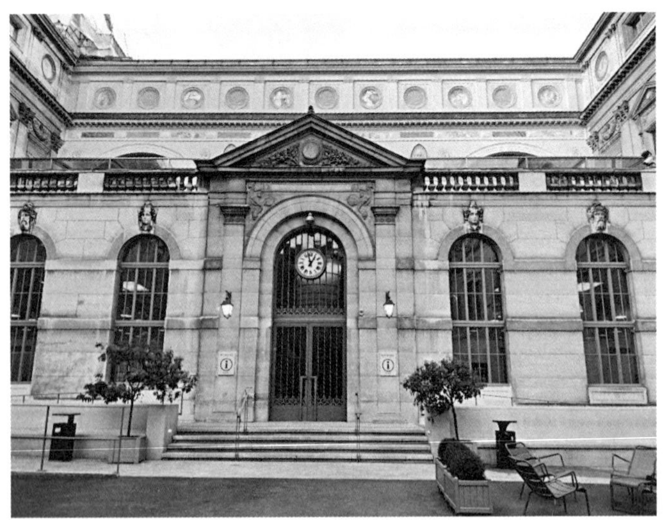

图 1 法国国家图书馆老馆——黎世留馆

国历史上最伟大、最有谋略的政治家”。从皇家图书馆、帝国图书馆到国家图书馆，黎世留馆已成为一座富有传统、风格雍雅、典藏丰富、特色突出的现代法国国家图书馆。

法国国家图书馆新馆投入使用后，将黎世留馆中的一部分历史文献迁入，这座老馆的职能遂转为特藏馆。特藏馆主要收藏手稿、写本、古籍珍本和善本，版画、照片、地图、钱币、证章、古董和表演艺术文献等，中国的敦煌文献就珍藏在这里。这里收藏的图书文献皆由法国国家图书馆写本部东方分部管理。

一、中文图书的收藏[1]

法国国家图书馆写本部的中文图书，囊括了15万余册（或卷）雕版、石印、铜（或铅）活字印刷品，几

[1] 此部分有关中文图书历史的撰写，参考了写本部前部长、东方分部前主任郭恩（Monique Cohen）女士在 *Manuscrits, xylographes, estampages: les collections orientales du Département des manuscrits: guide* 一书中的介绍，在此对她表示衷心感谢。

百件抄本和500多种期刊，是东方分部数量最大的典藏。这批中文图书的来源，可追溯到1668年马扎然（Jules Mazarin，1602—1661）主教收藏的16册中文抄本被捐献给皇家图书馆的写本部，但直到1697年由白晋（Joachim Bouvet，1656—1730）神甫从中国带回的312册（22种）古籍，其中包括康熙皇帝赠送给法国国王路易十四（Louis XIV，1638—1715）的典籍入库后[1]，皇家图书馆才具有了真正意义上的中文典籍“收藏”。写本部于1961年设立专门的东方文献阅览室，2010年独立的东方阅读室关闭，改为与写本部合用同一个阅览室，即写本部阅览室。

在整个18世纪，法国在华传教团的神甫，以马若瑟（Joseph de Prémare，1666—1736）和钱德明（Joseph-Marie Amiot，1718—1793）为主，在中国批量搜购，进一步丰富了皇家图书馆的中文图书。在法国大革命时期，中文图书并没有像其他东方语言的典藏那样得到明显增加。

---

[1] 如中文图书号2877—2881：日讲四书解义 / 喇沙里等撰. —清康熙十六年（1677）内府刻本。

图2　法国国家图书馆黎世留馆写本部阅览室

19世纪收藏量的增长平淡无奇，但值得一提的是，1840年法国国家图书馆收购了法国著名汉学家儒莲（Stanislas Julien，1799—1873）　的115种3,669册中文藏书，以及德国东方学家柯恒儒（Julius Klaproth，1783—1835）的中文藏书。1873年购买了东方学家鲍狄埃（Guillaume Pauthier，1801—1873）的中文藏书。此外，1860年，将法国国家图书馆分馆——阿斯纳图书馆

（Bibliothèque de l’Arsenal）的中文藏书与一定数量的东方语言写本迁入国家图书馆。

进入 20 世纪以后，法国国家图书馆写本部中文图书的藏量迅速增加。1910 年 4 月，伯希和使团在中国购买、采集的文献进入法国国家图书馆的写本部。1946 年，法国国家图书馆收购了伯希和的全部私人藏书。1946 年 7 月，法国国家图书馆向霾早诺夫书店购买了伯希和的全部私人藏书，其中包括中文典籍 25,000 册，这批书籍的入藏编号为 15532 号，法国国家图书馆写本部为该批书籍刻制专用印章一枚，每种书上均盖此章。与此同时，法国国家图书馆还制定了从中国书店购买新书的政策。法国国家图书馆写本部还通过赠送、国际交换等途径来丰富其中文图书的藏品，如中文图书 12110（1—4）号《饮冰室全集》，即由作者梁启超本人于民国 8 年 3 月 26 日赠予法国国家图书馆。

由《饮冰室全集》装帧可知，该书被法国国家图书馆制成硬壳精装书。

法国国家图书馆写本部对中文图书的装订形式堪称是“跨文化”的。从皇家图书馆时期开始，法国国家图书馆即对中文古籍进行洋装、精装。在装订过程中，不

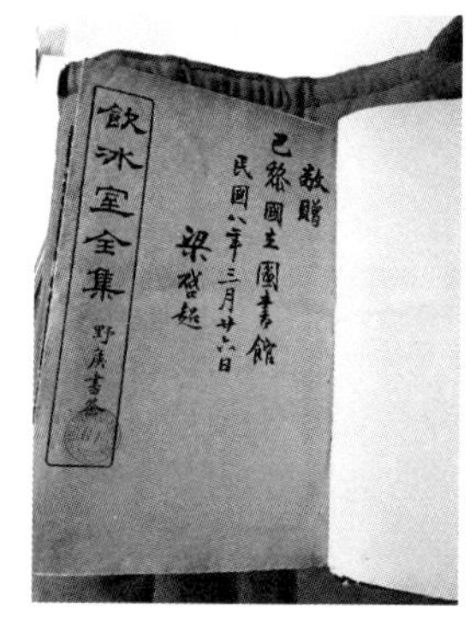

图 3　法国国家图书馆藏梁启超《饮冰室全集》

保留原来的装订形式，而是将数册线装书拆散重装，合订为一册有硬壳封面的精装书，让中国古籍与西洋书一样，以直立的方式存放。在每种装册上，都加印了中文题名的拉丁文转写标识。从法国学者的观点看，经过这种处理，有助于长期保护古籍，能方便不懂中文的图书馆人员识别文献，以便进行统一典藏管理。

法国国家图书馆写本部的中文图书颇有百科全书的气象，囊括了广泛的汉学知识，包括历史、哲学、文学、数学、地理、农业、医学和中医药等。此外，它藏有17、18 世纪丰富的“中西文化交流”出版物，例如明万历天启年间出版的利玛窦口译、徐光启笔录的《几何原

图 4　法国国家图书馆藏《资治通鉴纲目前编》与《资治通鉴纲目》
资治通鉴纲目前编 /［南轩撰］；陈仁锡评阅，明崇祯三年［1630］（中文图书号：Chinois 393—394）

资治通鉴纲目 /［朱熹撰］；陈仁锡评阅，明崇祯三年［1630］（中文图书号：Chinois 395—407）

本》[1]。此外，还有自写本部东方分部的印刷书籍部成立以来，从中国当代印制出版的书籍中进行图书采购，其中包括当代刻印或影印的中文古籍、基础研究书目和索引等，以中文古籍为主。

[1] ［意大利］利玛窦口译、徐光启笔录《几何原本》，法国国家图书馆馆藏，中文图书号：Chinois 4860。

二、中文图书的分类

写本部的中文图书，可分为三大部分：第一大部分是中文古籍与伯希和A藏—B藏（雕版印刷书籍），第二大部分是伯希和从敦煌带回的中文写本典藏，第三大部分是中文拓片。其中，第一大部分可使用古恒目录等进行检索。

1. 古恒目录——中文图书编号与编目

写本部最早的中文图书是中文图书1号到9080号（Chinois 1—9080）。这部分典藏可以通过古恒（Maurice Courant，1865—1935）1902年至1912年出版的书本式目录，即《汉、韩、日等国出版中文书籍目录》[1]，作逐一查询。

古恒目录对此前的“傅尔蒙（Étienne Fourmont，1683—1745）”编号[2]或称“中国新典藏”编号进行了重新

---

[1] *Catalogue des livres chinois, coréens, japonais, etc.*/Bibliothèque nationale. Département des manuscrits; par Maurice Courant.— Paris: E. Leroux, 1902—1912. Tome 1: Nos 1—4423, Tome 2: Nos 4424—6689, Tome 3: Nos 6690—9080.

[2] “Catalogue d’Etienne Fourmont en 1742”，1742年的傅尔蒙目录，当时黄嘉略（Arcadio Huang，1679—1716）也在比尼瓮（Jean-Paul Bignon，1662—1743）馆长的安排下与傅尔蒙一起进行中文藏书编目。

编排、重新编号，按主题将古籍分成 12 个大类：

① Histoire（历史）;

② Géographie（地理）;

③ Administration（政书）;

④ Livres canoniques（经学），philosophie（哲学），morale（伦理）;

⑤ Littérature（文学）;

⑥ Romans（小说）, œuvres d'imagination（虚构作品），théâtre（戏剧）;

⑦ Lexicographie（辞书学）;

⑧ Sciences and arts（科学与艺术）;

⑨ Religions（宗教），含 Taoïsme（道教）、Bouddhisme（佛教），Catholicisme（天主教）、Protestantisme（新教）、Islamisme（伊斯兰教）;

⑩ Encyclopédie（类书）;

⑪ Collections（丛书）;

⑫ Ouvrages divers（杂著）。

这部法国国家图书馆写本部馆藏中文古籍的目录，在第一次世界大战爆发后，编写工作被迫中断，中文古籍仅编到第十大类的类书部分，丛书及杂著未编入。另，该目录不含索引。

古恒目录，计3卷，已经数字化，可通过以下链接上网查询：

http://gallica.bnf.fr/ark:/12148/bpt6k209140j

http://gallica.bnf.fr/ark:/12148/bpt6k209141x

http://gallica.bnf.fr/ark:/12148/bpt6k2091429

古恒目录所收古籍属于法国国家图书馆最古老的中文图书，含有一些善本、抄本及稿本，如《天工开物》《楚辞》和《古今图书集成》等。

兹就善本和珍本举例如下：

（1）《天工开物》

中文图书号：Chinois 5563

中文图书摘要：

天工开物：三卷 / 宋应星著．—明崇祯十年［1637］刻本．—1洋装卷（3册）：插图；29cm.

匡21.4cm×14.2cm，9行21字，小字双行同，白口，四周单边，单黑鱼尾，版心上镌书名，中镌卷次，下镌叶数.

四部分类：史部—政书

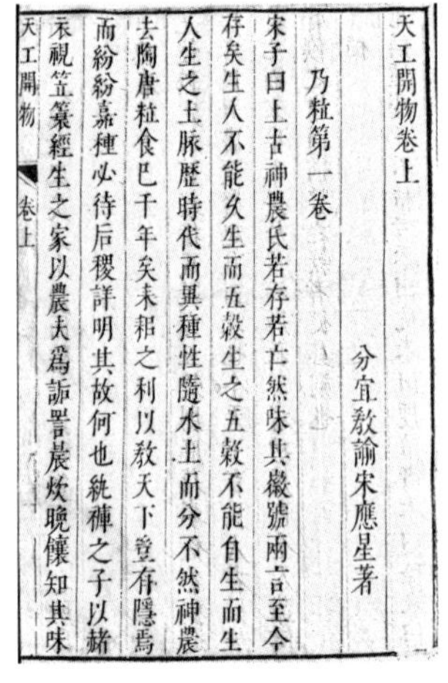

天工開物卷上

乃粒第一卷

分宜敎諭宋應星著

宋子曰上古神農氏若存若亡然味其徽號兩言至今存矣生人不能久生而五穀生之五穀不能自生而生人生之土脈歷時代而異種性隨水土而分不然神農去陶唐粒食已千年矣耒耜之利以敎天下豈有隱焉而紛紛嘉種必待后稷詳明其故何也紈褲之子以赭衣視笠簑經生之家以農夫爲誚詈晨炊晚饟知其味

天工開物 卷上

图 5　宋应星《天工开物》明崇祯十年刻本《踏车吸水图》

（2）《楚辞》

中文图书号：Chinois 3557

中文图书摘要：

楚辞：卷下 / 屈原，宋玉等撰．—三色套印本．—[中国]：闵齐伋，明万历四十八年［1620］．—1 洋装卷（1 册）；28cm.

西汉刘向编辑．—刻书年据《中国古籍善本书目》，共上下二卷存卷下．—匡 21.4cm×15.3cm，9 行 19 字，小字双行同，白口，四周单边，版心上镌“楚辞”及小题，下镌“下”及叶数.

四部分类：集部—楚辞

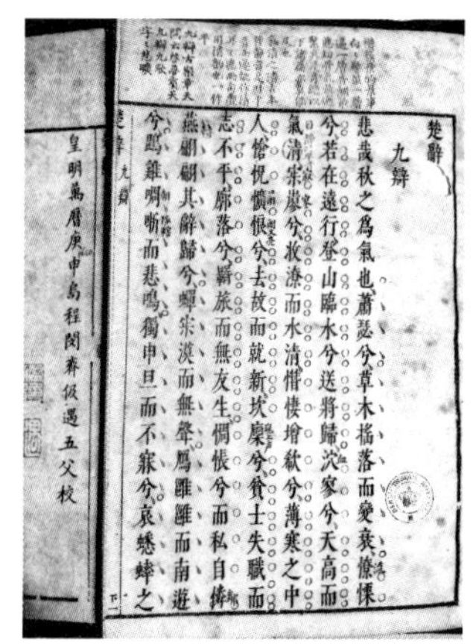
皇明萬曆庚申烏程閔齊伋遇五父校

楚辭　九辯

悲哉秋之爲氣也蕭瑟兮草木搖落而變衰憭慄
兮若在遠行登山臨水兮送將歸泬寥兮天高而
氣清寂漻兮收潦而水清憯悽增欷兮薄寒之中
人愴怳懭悢兮去故而就新坎廩兮貧士失職而
志不平廓落兮羇旅而無友生惆悵兮而私自憐
燕翩翩其辭歸兮蟬寂漠而無聲鴈雝雝而南遊
兮鵾雞啁哳而悲鳴獨申旦而不寐兮哀蟋蟀之

图 6 《楚辞》明万历四十八年刻本

（3）《铜人腧穴针灸图经》

中文图书号：Chinois 5341

中文图书摘要：

铜人腧穴针灸图经：三卷 / 王惟一撰．—［中国］：［刻书者不详］，明正统八年［1443］．—1 洋装卷（3 册）：插图；26cm.

书名页题“校太医院原版　宋天圣中制　皇明正统八年重刻加精　铜人针灸图经”，刻书年据此．书前附有《穴腧都数》. 著者据《中国古籍总目》. 一匡 20.8cm×13.4cm，10 行 20 字，白口，四周双边，单黑鱼尾，版心上镌“铜人图经”，中镌卷次，下镌叶数.
《铜人腧穴针灸图经》，针灸著作. 又名《新铸铜人腧穴针灸图经》，简称《铜人经》或《铜人》.
四部分类：子部—医家

銅人腧穴鍼灸圖經卷上
黄帝内經云凡人兩手足各有三陰脉三陽脉以合爲十二經脉也手之三陰從藏走至手手之三陽從手走至頭足之三陽從頭下走至足足之三陰從足上走入腹脉絡傳注周流不息故經脉者行血氣通陰陽以榮於身者也其始從中焦注手太陰陽明陽明注足陽明太陰太陰注手少陰太陽太陽注足太陽少陰少陰注手心主少陽少陽注足少陽厥陰厥陰復注手太陰其氣常以平旦爲紀以漏水下百刻晝夜行流與天同度終而復始也

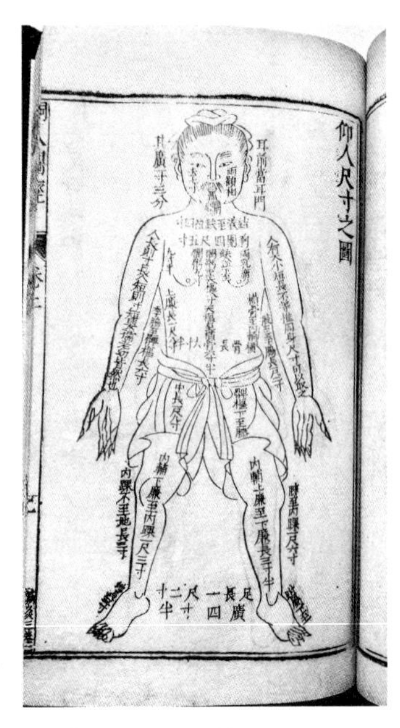

图 7 《铜人腧穴针灸图经》明正统八年刻

此书在法国国家图书馆数字图书馆 Gallica 上的图片链接为：

https://gallica.bnf.fr/ark:/12148/btv1b9006360g

（4）《古今图书集成》

中文图书号：Chinois 7760—9000

中文图书摘要：

Qin ding gu jin tu shu ji cheng/Jiang Ting xi，Chen Meng lei deng ji；钦定古今图书集成 / 蒋廷锡，陈梦雷等辑．—Tong huo zi ben 铜活字本．—［Bei jing］:［Nei fu］，Qing Yong zheng 4 nian［1726］［北京］:［内府］，清雍正四年［1726］．—1241 vol.；29 cm. 子部—类书

古恒目录编到第十大类——类书，中文图书 9080

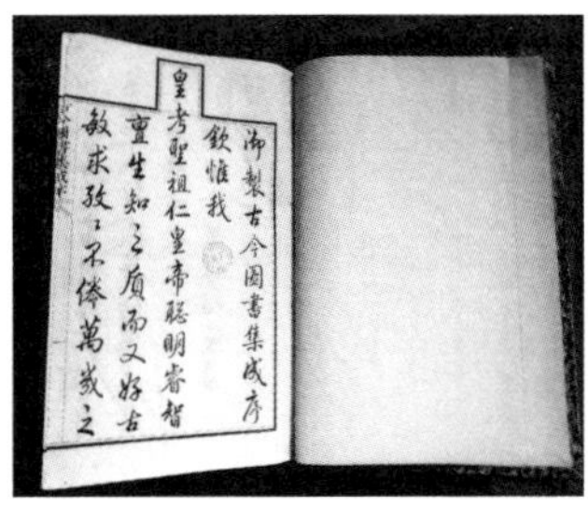

图 8 《古今图书集成》第一洋装册

号。该大类中包括中国现存最大的类书《古今图书集成》，清雍正年间铜活字版，写本部保存着完整的一部共1万卷，目录40卷。全书用洋装的方式将线装书拆散重装，共有1,241洋装册。

2. 卡片目录

中文图书9081号至15934号文献，长期以来，仅有手写卡片书名目录及著者目录，供读者使用。另有馆藏图书登记簿30册，仅供写本部内部人员使用。卡片目录的标目转写，从1912年始直到1973年，采用的是法国远东学院（EFEO）的转写系统。从1974年始，卡片目录的编写采用了国际标准化组织（ISO）认定的汉语拼音转写系统。为便于读者查找全部中文图书，在该卡片目录中还加入了古恒目录的书名索引，以及伯希和A藏—B藏目录的著者和书名索引。

卡片目录，共两柜100个抽屉，其中76个抽屉卡片为老卡片目录，使用的是法国远东学院转写系统；3个抽屉为中文期刊目录。

上面提到，古恒目录只编到中文图书第十大类——类书，终止于中文图书9080号，中文图书9081号之后

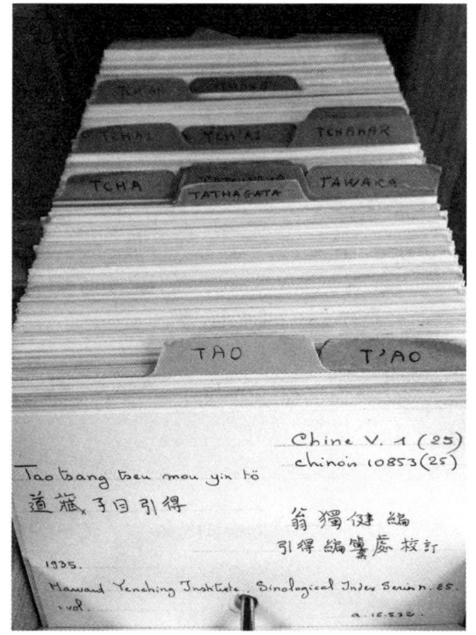

图 9　老卡片登记目录

老卡片目录书目记录：
Tao tsangtseu mou yin tö
道藏子目引得 / 翁独健编；哈佛燕京学社引得编纂处校订 .—北平：哈佛燕京学社，1935.
中文图书号：Chinois 10853（25）

的古籍仅编有卡片目录。尚未编入古恒目录中的大量丛书，仅编了卡片目录，9081 号之后的中文图书中含有很多丛书，诸如：

中文图书号 Chinois 9084：

《津逮秘书》/（明）毛晋辑，常熟：汲古阁，明崇祯年间［1628—1644］刻本。

中文图书号 Chinois 9087：

《秘书二十一种》/（清）汪士汉辑，文畲堂藏版，嘉庆乙丑［1805］。

中文图书号 Chinois 9092：

《古今说海》/（明）陆楫编，苕溪：邵氏酉山堂重刊本，道光元年［1821］。

中文图书号 Chinois 9099：

《艺海珠尘》/（清）吴省兰辑，南汇：吴氏听彝堂藏版，清嘉庆［1796—1820］。

中文图书号 Chinois 9100：

《函海》/（清）李调元辑，绵州：李氏万卷楼藏版，清嘉庆十四［1809］。

中文图书号 Chinois 9102：

《龙威秘书》/（清）马俊良辑，石门：马氏大酉山房，乾隆甲寅［1794］。

古恒目录出版以后，中文图书的新进丛书，如：

中文图书号 Chinois 9549：

《丛书集成初编》/ 王云五主编，上海：上海商务印书馆，民国 24—39［1935—1940］。

中文图书号 Chinois 10933：

《古本戏曲丛刊》—影印本，上海：上海商务印书馆，1954—1958。

中文图书号 Chinois 12564：

《四部丛刊》/ 张元济等辑，上海：上海商务印书馆，1922。

中文图书号 Chinois 15601：

《百部丛书集成》/ 严一萍选辑，—影印本，—台北：艺文印书馆，民国 53[1964]—民国 59[1970]。

古恒目录出版之后的新进中文书目，根据写本部的传统，按进馆时间先后编号，不分主题，也不论图书尺寸类型。自 1981 年起，为了便于书库管理，改为按书籍的四种尺寸类型进行分类编排、存放。

3. 卡片目录转换为机读目录

2016 年 11 月，法国国家图书馆与 AureXus 计算机服务与数字转换跨国公司签约，将写本部中文图书卡片目录转换为机读目录，我本人担任该项目的总编目指导与编审工作。此项目将卡片目录的完整书目记录输入书目数据库中，并对卡片目录中使用法国远东学院旧转写系统的书目记录，全部加注了汉语拼音，建立作者、团体权威文件，并与书目记录相关项进行链接，现编目与校审工作业已完成，共33,000余条书目记录。2018年1月，该项目的全部书目数据完整加载到图书馆机读总目录，成功地实现了与机读总目录中已创建的丛书书目记录的链接。读者可以通过法国国家图书馆机读总目录查询该部分中文图书：http://catalogue.bnf.fr。

例：《抱经堂文集》

中文图书号：CHINOIS—12564（2650—2657）

责任者（个人）Auteur（s）：Lu，Wen chao
书名（题名）及责任者项 Titre（s）：Bao jing tang wen ji [Texte imprimé]：34 juan/Lu Wen chao zhuan；抱经堂文集 [Texte imprimé]：34 卷 / 卢文弨撰；Pao-king-t'ang wen tsi [Texte imprimé]：34 kiuan/Lou Wen-tch'ao tchouan
出版项 Publication：Shang hai：Shang hai Shang wu yin shu guan，1922
出版项 Publication：上海：上海商务印书馆，1922
稽核项 Description matérielle：8 fasc.
丛书名 Collection：Si bu cong kan 四部丛刊
丛书书目记录的链接 Lien à la collection：Si bu cong kan Voir toutes les notices liées

书目记录编号 Notice n°：FRBNF44594688

保存在写本部中文图书中的期刊，以及在法国国家图书馆其他部门的期刊，都被收编在 1972 年出版的印刷型目录《国家图书馆中文期刊目录》[1] 中，共 521 种期刊，其中写本部收藏期刊 424 种。中文图书卡片目录中的中文期刊，也同上面的项目一起，转换为机读形式。

4. 法国国家图书馆－山东大学项目

2015 年 10 月至 2016 年 9 月，法国国家图书馆与山东大学合作，对法国国家图书馆写本部藏中文古籍“中文图书 1 号至 9080 号”进行机读编目。因为法国国家图书馆规定，非内部工作人员，不能在本馆计算机编目系统工作，所以山东大学派来的编目人员王域铖、陈恒新两位博士生仅能在 Excel 电子表格上进行编目。我本人参与了法国国家图书馆－山东大学项目“古恒目录机读编目”的准备工作，编写 Excel 电子表格编目规定及说

[1] *Périodiques en langue chinoise de la Bibliothèque nationale*/par Marie-Rose Séguy; avec la collaboration de Jean-Claude Poitelon.-Paris: Université de Paris VII, Centre de publication de l’U.E.R., 1972.

明，并担任机读编目指导与总编审工作。该项目采用中文善本书国际联合目录项目制定的《中文善本书机读目录编目规则》（Cataloging guidelines for creating chinese rare book records in machine-readable form）为编目标准，并参照中国国家图书馆使用的《古籍著录规则》进行编目工作，开创了首次在法国国家图书馆机读总目录系统上用中文编目的历史。2017 年 4 月，在 Excel 电子表格输入的编目记录成功地完全加载到法国国家图书馆机读总目录，读者可通过机读总目录查询这部分典藏：http://catalogue.bnf.fr。

在电子表格上输入的编目记录被转换为机读目录后，法国国家图书馆机读总目录系统书目记录举例：

《史记三家注》

中文图书号：CHINOIS—7

Si ma，Qian（0145?—0086? av. J.-C.） ［Shi ji（Chinois）. 1739］ Shi ji [Texte imprimé]: juan1—12/Si ma Qian zhuan; Pei Yin ji jie, Si ma Zhen suo yin, Zhang Shou jie zheng yi 史记［Texte imprimé］：卷 1—12/ 司马迁撰；裴骃集解，司马贞索隐，张守节正义.

[Bei jing]: [Wu ying dian], Qing Qian long 4 nian[1739].

［北京］:［武英殿］, 清乾隆四年［1739］. —1 vol.（4 ce）; 29 cm. —（Shi ji）(史记).

版心上镌“乾隆四年校刊”，刻书年据此．刻书者据《中国古籍善本书目》.

匡22.1cm×15.2cm，10行21字，小字双行同，白口，左右双边，单黑鱼尾．版心上镌“乾隆四年校刊”，中镌书名卷次，下镌叶数．有缺页.

(Rel.). —

史部—纪传

Pei，Yin (0430—?). Auteur du commentaire

Si ma，Zhen (0679—0732). Annotateur

Zhang，Shou jie. Fonction indéterminée

Shi ji

Notice n° : FRBNF44578295

第二节

敦煌写本的收藏

一、敦煌写本与伯希和

中文写本典藏中的敦煌写本，被学者誉为19世纪末、20世纪初中国文化史上的四大发现之一。敦煌藏经洞文献的发现，为中古时期中外历史、文化研究提供了极其珍贵的文献资料，形成了世界闻名的敦煌学，这是一门许多国家的专家学者都非常感兴趣的国际性学科。

法国汉学家伯希和的名字跟敦煌文献密不可分。伯希和的法文名字是 Paul Pelliot ，被译为保罗·伯希和。保罗是名，伯希和为姓。这位年轻的汉学家，带着对东方文明的崇敬与好奇，经过长途跋涉，于1908年2月中旬到达敦煌。他以娴熟的汉语交流能力，得到了王圆箓道士的允许，于3月3日（封斋节前的星期二）[1]，进入藏经洞第17号窟（据伯希和编号为第163号）。在3个星期内，伯希和于藏经洞中，借助昏暗的烛光，以每天上千卷的速度，翻检每一件写本。他把它们分成两堆，一堆是最有价值的文献，他想不惜一切代价得到它们；另外一堆则是不得已时可以舍弃的写本。他订立了几条选择标准：一是要标有年代的写本，二是要《大藏经》之外的各种文献，三是要中文之外的各民族文字材料。伯希和凭借自己丰富的汉学知识，以及熟悉多种语言的优势，加之其精力过人，据说每天只睡三四个小时，他在藏经洞的20多天时间内，翻阅了15,000到20,000件写本，对藏经洞当时所存文本大致遴选了一遍。

伯希和在1908年3月26日致信埃米勒·塞纳尔[2]。那封著名的信长达75页。他在信中以兴奋和陶醉的心情，赞叹了“远东历史上有史以来最著名的中国写本之

---

[1] 据伯希和1906—1908日记（Carnets de route：1906—1908 / Paul Pelliot，impr. 2008）。

[2] 埃米勒·塞纳尔（Émile Senart，1847—1928），法国印度学家，法兰西文学院院士（1882），法国亚洲协会会长（1908—1928）。他委任伯希和为法国中亚考察队队长，与测量师L. 瓦扬（Louis Vaillant）和摄影师C. 努埃特（Charles Nouette）一起出使敦煌。

图 10　伯希和在藏经洞内登记敦煌文献

发现”。也正是这封信，让世界的专家、学者，知道了这个尘封近千年、藏本极其丰富的中世纪图书馆的存在。

二、敦煌写本的登记

1910 年 4 月，伯希和所获敦煌文献进入法国国家图书馆写本部。

根据法国国家图书馆写本部 1895-08 至 1948-06 捐赠登记簿上的档案记录，伯希和使团在中国购买、收集的文献进入写本部的具体时间为 1910 年 4 月 26 日。这一天在法国国家图书馆写本部中文藏书历史上非常重要，它是写本部所收到的最丰富的一次收藏。根据同一档案记录，这批文献由法国公共教育部、法兰西文学院、法国亚洲委员会（Don du Ministère de l'Instruction publique，de l'Académie des Inscriptions，et du Comité de l'Asie française）三家联合捐赠给法国国家图书馆，其捐赠号为 4502 号。这就是为什么每份敦煌卷子上都盖有 4502 号印章。

据捐赠登记簿记录，伯希和使团从中国带回的这批典籍共分为三大部分：

第一，伯希和 A 藏—B 藏（印刷书籍）；

第二，伯希和所购得的敦煌写本典藏（含中文、藏文等文种）；

第三，伯希和搜集的中文拓片 。

三、伯希和 A 藏与 B 藏

伯希和返回巴黎后，亲自为敦煌写本编目。他把前两千号（2000）留给藏文写本，事实上，藏文写本不止

2000号。他从两千零一号（2001）开始，对中文写本进行编目。他把全部文献统称为敦煌写本：Manuscrits de Touen-houang[1]。

伯希和本人为这批典藏编写的简要目录，称为《法国国家图书馆中文藏书伯希和A藏和B藏引得》（*Répertoire des "Collections Pelliot A et B" du Fonds chinois de la Bibliothèque nationale*），这是按照书名的拉丁转写字母顺序排列的两种索引：Liste A 中国书目录上卷，Liste B 中国书目录下卷。目录上卷含329种书，目录下卷含1,745种书，共2,074种书（其中含有丛书与多卷书）。每一书名先用法式拉丁字母转写，后跟汉字题名。该目录于1913年在法文期刊《通报》第二系列第十四卷（697—781页）上发表，同年由荷兰莱顿的博睿出版社出版单行本[2]，法国国家图书馆将其精装保存，并使用它给这批

---

[1] *Collection Pelliot. Manuscrits. Inventaire sommaire des rouleaux Pelliot-Chinois 2001—4521 et 5522—5544* / Paul Pelliot.—BnF，Département des Manuscrits，Papiers d'orientalistes 28. 伯希和亲笔编写的敦煌中文写本简目《伯希和手稿典藏. 伯希和中文典藏2001号至4521号及5522号至5544号》。法国国家图书馆写本部，东方学专家文件28号，第1—187页。

[2] *Répertoire des " Collections Pelliot A et B" du Fonds chinois de la Bibliothèque nationale* / par Paul Pelliot. —Leide：E. J. Brill，1913.

典藏编号，于是便有了伯希和 A 藏 1—329 号，B 藏 1—1745 号（Pelliot A 1—329，Pelliot B 1—1745）， 共 有 2,074 个典藏号。这批书目没有被纳入古恒刚编完的中文图书书目中。

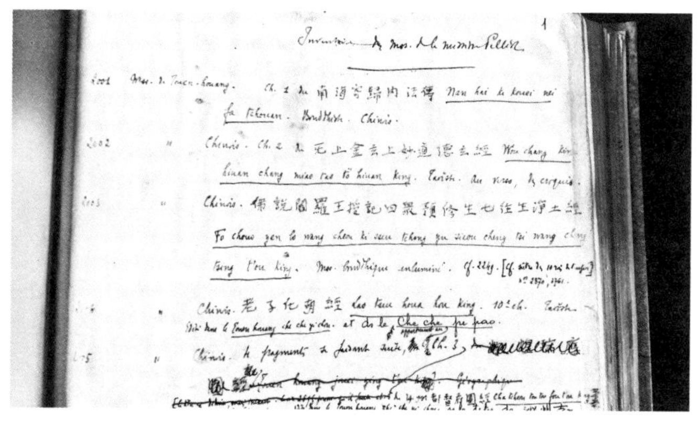

图 11 伯希和亲笔编写的法藏敦煌写本简目卷首

此后，法国国家图书馆写本部作出决定，按本部通行的原则，以文种进行分类，前面冠有伯希和姓氏，这就是至今仍在使用的编号方法，即：伯希和中文典藏（Pelliot chinois），伯希和藏文典藏（Pelliot tibétain），等等。其他文字如粟特文、于阗文、回鹘文文献数量不多，很早就编在伯希和中文典藏里，一般仍使用中文编号，但也有例外，即将中文写本中一面为非中文的抄件，从中文编号中分出，按照非中文语言编号，例如伯希和中文典藏 2021 号（Pelliot chinois 2021），现为粟特文典藏 10 号（Pelliot sogdien 10）。

伯希和藏文典藏最初由藏学家雅克·巴构（Jacques Bacot，1877—1965）先生进行编号，后来由藏学家马赛尔·拉露（Marcelle Lalou，1890—1967）女士接手整理。拉露女士除了在大学教书外，把毕生精力都用在藏文写本研究上，完成了至今仍在使用的伯希和藏文典藏目录[1]。

1934 年至 1939 年，根据中法图书馆的协议，王重民、杜乃扬等先后参与了伯希和敦煌写本的编目和相关工作，关于这方面的历史，我们在后面还要谈到。

2008 年 10 月，全部法藏敦煌文献实现数字化。通过

---

[1] *Inventaire des manuscrits tibétains de Touen-Houang conservés à la Bibliothèque nationale: fonds Pelliot tibétain* / M. Lalou. Paris: Librairie d'Amérique et d'Orient: A. Maisonneuve, 1939—1961. 3 vol. (VII-XVI-186, VII-XV-97, XIX-220 p.); 28 cm.
Comprend: Vol. I, Nos 1—849; Vol. II, Nos 850—1282; Vol. III, Nos 1283—2216.
Notices des textes chinois, par Lin Li-Kouang, avec la collaboration de Mme Guignard.

法国国家图书馆的数字图书馆（Gallica）的网站（http://gallica.bnf.fr），世界各地的读者都可以免费浏览法国国家图书馆藏伯希和敦煌写本。在法国国家图书馆写本部数字化过程中，伯希和敦煌中文写本法文印刷目录也被转换成机读（在线）目录，读者可以通过法国国家图书馆写本及特种文献总目录进行查询，网址为 http://archivesetmanuscrits.bnf.fr。

第三节

中法学者的编目与修订

法国巴黎是欧洲汉学重镇，法国国家图书馆的东方文献阅览室是几代汉学家的聚集地。中法学者都为中文图书研究做了大量工作。

一、中国学者王重民的编目

1934 年国立北平图书馆与法国国家图书馆签署了一项协议，其中的一条规定：交换图书馆员和出版物。法国国家图书馆印刷书籍部的杜乃扬（Roberte Dolléans, 1911—1972）女士前往北京，北平图书馆资深馆员王重民前来法国国家图书馆工作。王先生在巴黎的旅居时间为 1934 年 9 月下旬至 1939 年 8 月末。他以 2,074 个典藏号，给大约 12,000 册中文书籍编了一套完整的中法文目录，这套目录直到他离开法国前才完成。

1935 年 6 月，在法国国家图书馆工作时，王重民先生对敦煌中文写本目录作过总结，他指出写本目录有三个部分：

第一部分，是伯希和自己编写的伯希和中文典藏 2001—3511 号；第二部分，是日本京都帝国大学教授那波利贞（NabaToshisada，1890—1970）于 1932 年至 1933 年对伯希和中文典藏 3512—5541 号的编目[1]；第三部分，是王先生自己对伯希和中文典藏 5542—5590 号的“第三补充”。

王先生在法国国家图书馆写本部工作期间，编写了一部完整而详细的敦煌写本目录[2]。

王先生亲笔编写的这部目录：《伯希和 A 藏和 B 藏目录》（*Catalogue des collections Pelliot A et B*），于 1935 至 1939 年间编写，被装订成两大厚册，第一册 779 页，第二册 677 页。每条书目记录均用中、法文编写，法文部分

---

[1] 1932—1933 年，法国国家图书馆获得了日本那波利贞（NabaToshisada，1890—1970）教授的协作。

[2] 《巴黎敦煌残卷叙录》，北平：北平图书馆，1936—1941 年出版。

由杜乃扬女士作过校对。这部目录共分十大类：

①目录学；

②历史；

③地理；

④经学；

⑤哲学；

⑥文学；

⑦古董与艺术；

⑧辞书学；

⑨科学；

⑩类书与丛书。

图 12　王重民编两卷本伯希和A藏和B藏目录

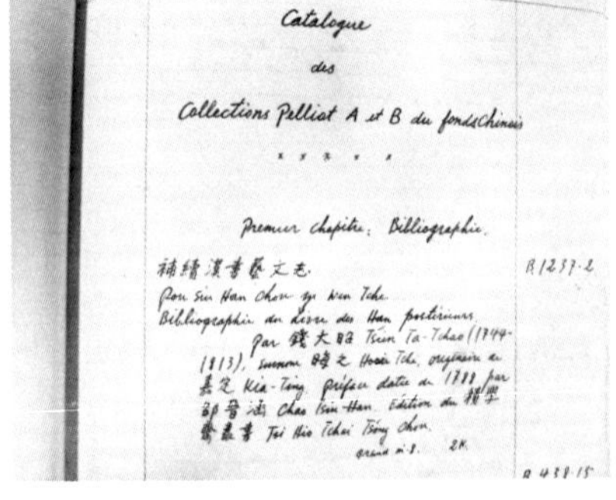

图 13　王重民编两卷本伯希和目录的第一大类（章）卷首

王先生编的《伯希和A藏和B藏目录》目前仍是检索伯希和A藏和B藏使用的唯一书目工具书。此书第一大类（章）为目录学 Bibliographie，先生将目录学列为第一大类，说明他充分重视目录作为工具书在治学中的重要性。

该目录第一页上注有日期：1935年至1939年，但是没有前言，这是很遗憾的。王先生本来想撰写前言，但因他要去美国，时间不允许，未能如愿。

现在这套目录已数字化，可通过下列链接上线阅读：

http://gallica.bnf.fr/ark:/12148/btv1b10542547n

http://gallica.bnf.fr/ark:/12148/btv1b105425483

二、法国学者戴密微和谢和耐的编辑与修订

伯希和中文典藏从 Pelliot chinois 2001 号开始，到 Pelliot chinois 6040 号结束，这中间有两段空号：伯希和中文典藏 Pelliot chinois 4107 号至 4499 号、5044 号至 5521 号为空号。写本部所藏敦煌中文文献的年代跨度为公元 5 世纪至 11 世纪，该部分典藏主要为卷子装，存放在书库的紫红色（buckram bordeaux）长方形盒子内，共 400 余

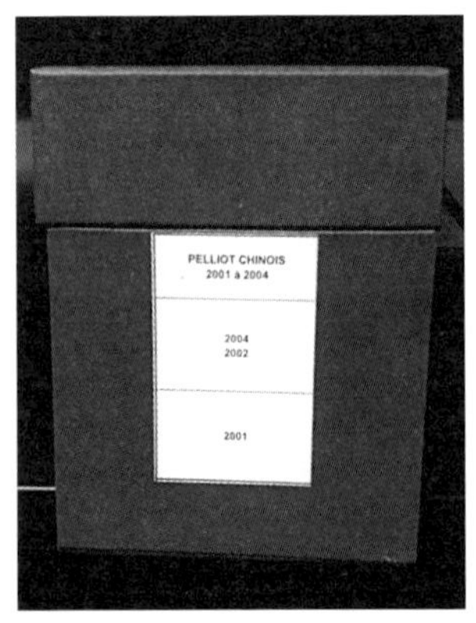

图 14　伯希和中文典藏卷子装第一盒及打开的紫红色长方形盒子

盒，根据写本的大小，内存一卷至九卷不等，其中包括15盒的小卷子，被称为《伯希和中文典藏残件（Pelliot chinois pièces）》。其余为非卷子装的写本，有梵夹装、经折装、册子装和单页等多种形式，其中包括从某些写本拆解、修复得来的文献及残片，均被收藏在灰色的盒子内，共有76盒。最后还有绘画、版刻文献和敦煌珍本，单独在珍本库收藏。敦煌中文写本数量总数大约4,100号。

法国学者对敦煌中文写本目录的准备与出版是分阶段进行的，为了方便起见，他们以五百写本为单位，将典藏进行虚拟分批。书目记录的编辑与修订，由法国国家图书馆与法国敦煌研究小组承担，该研究小组由汉学家戴密微（Paul Demiéville，1894—1979）于20世纪70年代初创立，隶属于法国国家科研中心。在这项工作中，谢和耐（Jacques Gernet，1921—2018）和吴其昱（Wu Chi-yu，1915—2011）有密切的合作，1952年至1955年，谢、吴两位学者合作校订了《敦煌汉文写本目录——法国国家图书馆伯希和中文典藏》第一卷第2001号至2500号写本目录打字文本。第一卷写本目录于1970年在法国出版，根据伯希和、王重民的注释，由谢和耐、吴其昱、隋丽玫（Marie-Rose Séguy）、魏普贤（Hélène Vetch）和杜乃扬编著[1]。

第二卷（2501—3000号）的修订工作，由戴密微委托给了他的女助手魏普贤，但她耗费了近40年的时间，却未能完成。第三卷（3001—3500号），在苏远鸣领导下，于1983年出版。第四卷（3501—4000号）、第五卷（2册，4001—6040号）也在苏远鸣领导下，分别于1991年和1995年出版。

---

[1] *Catalogue des manuscrits chinois de Touenhouang (Fonds Pelliot-chinois), vol. I, nos 2001—2500*, d'après les notes de P. Pelliot et de Wang Tchong-min, par J. Gernet et Wu Chi-yu, M.-R. Séguy, H. Vetch et M.-R. Guignard, Paris, Bibliothèque nationale, 1970.

最后一卷，即第六卷，《法国国家图书馆伯希和藏文典藏中文残片》196 件，由王微（Françoise Wang-Toutain）编成于 2001 年，是对全部中文写本典藏的补充。

现保存在世界各地的敦煌文献中，据著名敦煌学专家方广锠先生的研究，第一是中国，第二是英国，第三是法国，第四为俄国。

法国国家图书馆写本部馆藏敦煌中文写本，经过整理、编目和修订，现共约有 4,000 号，其中不乏孤本和珍本。例如：

（1）伯希和中文典藏 Pelliot chinois 2003 号：《佛说十王经》

该纸质彩绘长卷图文并茂，首尾完整。共 16 纸。首题《佛说阎罗王授记四众预修生七往生净土经》，尾题《佛说十王经》。其内容包括经文、赞颂，以及 14 幅彩绘。

敦煌写本伯希和中文典藏 2003 号在法国国家图书馆数字图书馆 Gallica 上的图片链接为 https://gallica.bnf.fr/ark:/12148/btv1b83028058。

（2）唐代金泥写经伯希和中文典藏 Pelliot chinois 2006（1—2）号

该号为《金刚般若波罗蜜经》，此卷写本用金泥书写经文于绀纸上。藏经洞出土的金泥佛经数量很少，仅有几件，弥足珍贵。

敦煌写本伯希和中文典藏 2006（1）号在法国国家图书馆数字图书馆 Gallica 上的图片链接为 https://gallica.bnf.fr/ark:/12148/btv1b8303373p。

（3）伯希和中文典藏 Pelliot chinois 4506 号，《金光明经》[北魏皇兴五年（471）书]，绢本写经

尾题：《金光明经卷二》。卷尾有七行题记："皇兴五年（471），岁在辛亥，大魏定州中山郡卢奴县城内西坊里住，原乡凉州武威郡租厉县梁泽北乡武训里方亭南苇亭北张主，父宜曹讳昺，息张保兴。自慨多难，父母恩育，无以仰报，又感乡援靡托恩恋。是以在此单城，竭家建福，兴造素经法华一部、金光明一部、维摩一部、无量寿一部。欲令流通本乡，道俗异玩。愿使福钟皇家，祚隆万代，佑例亡父、亡母托生莲华，受悟无生。润及现存，普济一切群生之类，咸同斯愿。若有读诵者，常为流通。"

敦煌写本伯希和中文典藏 4506 号在法国国家图书馆数字图书馆 Gallica 上的图片链接为 https://gallica.bnf.fr/

ark:/12148/btv1b8303186m。

这些拓本极其宝贵，是当今十分罕见的唐代墨迹珍品。

（4）伯希和中文典藏 Pelliot chinois 3760 号：《妙法莲华经・观世音菩萨普门品》《佛说地藏菩萨经》，袖珍经折装写本，59 叶

观世音菩萨信仰在东方极为盛行，尤其在中国，“家家观世音，户户阿弥陀”之说由来已久，其主要经典就是《观世音菩萨普门品》，该品常从《妙法莲华经》中抽出单独流通，成为佛弟子日课的主要内容之一。

大愿地藏王菩萨也声名显赫，其“地狱未空誓不成佛”的宏愿备受推崇，其主要经典是《佛说地藏菩萨本愿经》，而《佛说地藏菩萨经》并不太流行，甚至知之者

图 15 《妙法莲华经》等袖珍经折装写本

甚少。该经字数比《心经》还少，但其内容与其他有关地藏信仰的经典一致。“若有人造地藏菩萨像，写地藏菩萨经，及念地藏菩萨名，此人定得往生西方极乐世界。此人舍命之日，地藏菩萨亲自来迎，常得与地藏菩萨共同一处。”由此可见，其经文言简意赅，内容博大精深，值得高度重视。

（5）伯希和中文典藏 Pelliot chinois 3923 号：《佛顶尊胜陀罗尼经》，罽宾沙门佛陀波利奉诏译，写本梵夹装

自唐代至今，该经历来备受重视，传说是文殊师利菩萨指示佛陀波利专门携来中国，因为“汉地众生多造

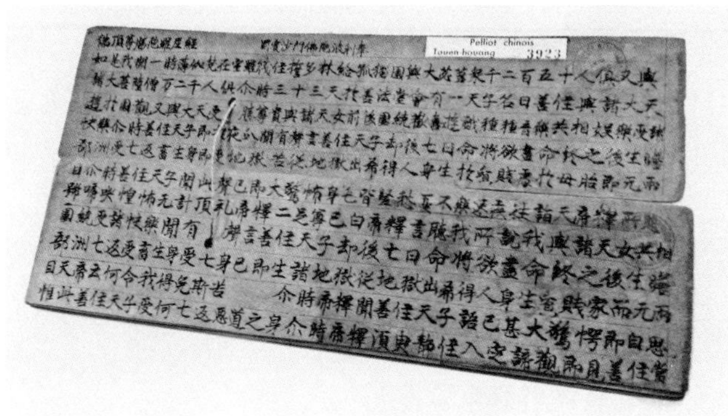

图 16 《佛顶尊胜陀罗尼经》

罪业，出家之辈亦多犯戒律，唯有《佛顶尊胜陀罗尼经》，能灭众生一切恶业”。经中的“佛顶尊胜陀罗尼（咒语）”威力无比，佛言：“有陀罗尼，名为如来佛顶尊胜，能净一切恶道，能净除一切生死苦恼，又能净除诸地狱、阎罗王界、畜生之苦，又破一切地狱，能回向善道。”

录文：“若人能须臾读诵此陀罗尼者，此人所有一切地狱、畜生、阎罗王界、饿鬼之苦，破坏消灭，无有遗余；诸佛刹土及诸天宫，一切菩萨所住之门，无有障碍，随意趣入。”“若人能书写此陀罗尼，安高幢上，或安高山，或安楼上，乃至安置窣堵波中，天帝，若有苾刍、苾刍尼、优婆塞、优婆夷、族姓男、族姓女，于幢等上或见或与相近，其影映身；或风吹陀罗尼上、幢等上尘落在身上，天帝，彼诸众生所有罪业，应堕恶道：地狱、畜生、阎罗王界、饿鬼界、阿修罗身恶道之苦，皆悉不受，亦不为罪垢染污。天帝，此等众生，为一切诸佛之所授记，皆得不退转于阿耨多罗三藐三菩提。”

（6）三件著名唐拓孤本

a. 唐太宗撰并书《温泉铭》（Pelliot chinois 4508 号）

《温泉铭》为唐太宗李世民手书碑刻拓本，是唐太宗为骊山温泉撰写的一幅行书碑文，原碑已佚，仅剩唐拓孤本。敦煌文献伯希和中文典藏 4508 号在法国国家图书馆数字图书馆 Gallica 上的图片链接为 https://gallica.bnf.fr/ark：/12148/btv1b8303120v。

b. 唐柳公权书《金刚般若波罗蜜经》（Pelliot chinois 4503 号）

柳公权书《金刚般若波罗蜜经》，刻于唐长庆四年（824）四月，系柳公权 47 岁时书法作品。《金刚般若波罗蜜经》刻为横石，共十二块，每行十一字，原石毁于宋代。1908 年在敦煌石窟发现唐拓孤本，一字未损，极为稀奇，实是敦煌文献中的稀世珍宝。敦煌文献伯希和中文典藏 4503 号在法国国家图书馆数字图书馆 Gallica 上的图片链接为 https://gallica.bnf.fr/ark:/12148/btv1b83032540/f3.image。

c. 唐欧阳询书《化度寺故僧邕禅师舍利塔铭》（Pelliot chinois 4510 号）

《化度寺故僧邕禅师舍利塔铭》，唐李百药撰；欧阳询正书，刻于唐贞观五年（631）。敦煌本为唐拓本，剪裱残本，共存两页，仅 39 字。

图 17　唐欧阳询书《化度寺故僧邕禅师舍利塔铭》

录文：“化度寺故僧邕禅师舍利塔铭，右庶制文率更令”一页 19 字。“盖闻人灵之贵，天象攸凴，禀仁义之和，感……秀，穷理尽……”一页 20 字。另，原文：盖闻人灵之贵，天象攸凭，禀仁义之和，感山川之秀，穷理尽性……

敦煌文献伯希和中文典藏 4510 号在法国国家图书馆数字图书馆 Gallica 上的图片链接为 https://gallica.bnf.fr/ark：/12148/btv1b8302831r。

1978 年至 1980 年，为了保存敦煌写本，方便研究人员查阅敦煌卷子，法国国家图书馆为所有敦煌文献制作了黑白缩微胶卷，并作为交换送给北京图书馆一套。

为使更多的研究人员读到敦煌卷子，于 1995 年始，上海古籍出版社与法国国家图书馆合作，策划影印出版法国国家图书馆收藏的全部敦煌文献，书名为《法国国家图书馆藏敦煌西域文献》，至 2005 年止，共 34 卷，全部出齐。于 2006 年始出版《法国国家图书馆藏敦煌藏文文献》，现已出到 23 卷。

34 卷《法国国家图书馆藏敦煌西域文献》在法国国家图书馆机读总目录（BnF Catalogue général）上的书目记录样例：

> Fa guo guo jia tu shu guan cang Dun huang Xi yu wen xian［Texte imprimé］/Shang hai gu ji chu ban she，Fa guo guo jia tu shu guan bian 法国国家图书馆藏敦煌西域文献［Texte imprimé］/ 上海古籍出版社，法国国家图书馆编. —［影印本］. —，［Reproduction en fac-similé］. — Shang hai：Shang hai gu ji chu ban she，1995—2005. —；上海：上海古籍出版社，1995—2005. — 34 vol.：ill. en coul.；38 cm. —（Dun huang Tu lu fan wen xian ji cheng）（敦煌吐鲁番文献集成）.
>
> .— Titre（s）parallèle（s）：Manuscrits de Dunhuang et d'Asie centrale conservés à la Bibliothèque nationale de France = Dunhuang and other Central Asian manuscripts in the Bibliotheque nationale de France
>
> 本书收录范围为法国国家图书馆收藏的、由伯希和在甘肃敦煌莫高窟收集的文献，以及在新疆库车等地收

集的文献.
Shang hai gu ji chu ban she. Éditeur scientifique
Bibliothèque nationale de France. Éditeur scientifique
Dun huang Tu lu fan wen xian ji cheng
Notice n°：FRBNF45139696

自2002年起至2008年10月，法国国家图书馆与梅隆基金会合作，开展敦煌文献数字化——“梅隆国际敦煌档案项目（Mellon International Dunhuang Archive project）”，使全部法藏敦煌文献实现数字化，通过法国国家图书馆的数字图书馆（Gallica）网站 http://gallica.bnf.fr，现在世界各地的读者都可以免费浏览法国国家图书馆馆藏的伯希和敦煌写本。

在法国国家图书馆写本部文献数字化过程中，由于梅隆敦煌文献数字化项目资金支持，伯希和敦煌中文写本法文印刷目录也被转换成机读（在线）目录，读者可以通过法国国家图书馆写本及特种文献总目录（BnF Archives et manuscrits）系统进行查询，网址为 http://archivesetmanuscrits.bnf.fr。

2018年7月，我受法国国家图书馆和写本部委派，与同事共同接待了中国著名敦煌学专家、上海师范大学教授方广锠先生带领的敦煌中文写本中文编目团队，他们进行了为期 6 个月的敦煌写本原件测量长宽、记录行数、检视纸张、断定年代等编目工作，为敦煌遗书总目录收集翔实的基本数据。

第四节

法国国家图书馆的其他特藏

一、中文拓片藏品

法国国家图书馆收藏的拓片，每种题名可以有一幅或多幅，尺寸大小不一，这取决于它拓的是石刻铭文还是青铜礼器，是一块巨大的石碑还是一块砖铭。拓片的内容许多是墓志铭、帝国敕令、颂歌或纪念撰文；也有少量的地图、肖像和“亲笔签名”。其中，东方分部所收拓片藏品，大约 3,000 种，收藏始于 18 世纪。最初收藏的拓片没有独立分类，而是混藏于中文古籍藏品中。这部分拓片或呈现单幅或装订成经折装等书本形式，有些可在古恒目录的“碑铭学（Épigraphie）”或“古文字学（Paléographie）”部分找到，其他则根据它们的文本内容，或收编在伯希和 B 藏里，或收在 1912 年以后的中文图书中。

真正意义上的拓片典藏是从 1910 年伯希和收集的拓片入馆开始的。这部分中文拓片典藏，主要是伯希和中亚使团于 1908 年所获取。伯希和与很多中国文人名士一样，酷爱书籍与碑铭。他将在中国收集的大量拓片带回巴黎，其中大部分是西安碑林博物馆刻石的拓片，这是他于 1908 年 8 月末至 9 月初在当地购买所得。他还增加了在考察途中购买或自拓的其他拓片，例如，在他去之前才被发现的昭陵碑的拓片。虽然伯希和对这些拓片怀有浓厚的兴趣，但他未能抽出时间来做一部完整的目录，所以只有一部 166 沓拓片 2,000 余种的简明引得[1]。为了建立这部简单的手写引得，他先把拓片按沓分开。

法国汉学家、碑铭学家沙畹（Édouard Chavannes 1865—1918），于 1907 年春至 1908 年，在中国北方进行了近一年的考古工作，他将带回的一部分拓片捐献给法国国家图书馆，这部分拓片与伯希和收集的拓片存放在一起。其余大部分由法国集美（Musée Guimet）博物馆收藏。

沙畹的弟子，法国汉学家、语言学家马伯乐（Henri

---

[1] *Collection Pelliot. Estampages*/Paul Pelliot.—BnF, Département des Manuscrits, Papiers d’orientalistes 28, Fol. 188—192.

Maspero，1883—1945），于 1914 年 3 月至 8 月初，在浙江和江苏进行考古期间，收集到拓片 70 沓，捐献给法国国家图书馆。

德国犹太裔汉学家李华德（Walter Liebenthal，1886—1982），于 1963 年向法国国家图书馆东方分部赠送了他于云南搜集的 37 种明代墓志拓片。

另一批重要的拓片源自杜乃扬女士的收藏。她是伯希和的学生，可能是受老师的影响，她对拓片非常感兴趣，在中国工作时，共收集了 300 余幅拓片。在她去世以后，她的先生和女儿于 1978 年 11 月 10 日将其珍贵收藏的中文古籍、民国时期的出版物和拓片，全部无偿捐献给她为之工作到生命最后一天的法国国家图书馆。

我在法国汉学家、原法兰西学院汉学研究所所长戴仁（Jean-Pierre Drège）先生指导下，于 2018 年初，对杜乃扬拓片旧藏进行编目。她收藏的大多是民国拓片，少数为清末拓本，为原拓本。从这批拓片的品相来看，经过装裱和未经装裱的，基本保持了当初进馆时的原貌，总的说，这批拓片保存状况良好，一半经过装裱装入函套，一半单叶的拓片折叠后放在盒子内保存，其中包括大幅面拓片。巨幅拓片诸如：杜乃扬旧藏拓片典藏

Estampages Guignard 11（1）号，《魏永熙二年五百人造像［拓片］》，又名：《李赞邑等邑义五百余人造像碑》，尺寸为：228.8cm×110.4cm。

拓片著录举例：

图 18　杜乃扬拓片旧藏

杜乃扬旧藏拓片典藏 Estampages Guignard 13（2）号

汉射阳石门画像［拓片］. - 传拓时间：民国年间．装裱方式：托裱．数量：1 张．尺寸：126cm×48.5cm.

图像纹饰描述：第一层为朱雀；第二层为铺首衔环；第三层为执剑扬盾之武士.

金石年代：东汉（025—220）. 源地：江苏宝应县.

法释：Un oiseau 朱雀；pushou，une tête monstrueuse avec un anneau dans sa gueule；homme avec épée et bouclier en rotin.

著录：Mission，1，fig.190．—类别：画像石.

书目：Mission archéologique dans la Chine septentrionale（华北考古图谱）/Edouard Chavannes（沙畹），vol.1，p.250—252.

钤有：绿波珍藏朱文印.

王重民先生于20世纪30年代作为交换馆员在法国国家图书馆期间，法国国家图书馆交给他的一项重要任务就是对伯希和典藏拓片及沙畹典藏拓片进行鉴定与编目。王先生成功辨认了上千件拓片，并为之编写了目录。他首先为拓片做卡片，然后按时间顺序进行排列，经杜

乃扬校正法文后，他再抄写在纸上，法国国家图书馆将其装订成册。这本由王重民亲笔书写的384页目录，所署日期为1938年初，后附杜乃扬编订的打字索引。这部王重民先生编写的《伯希和拓片典藏目录》（*Catalogue de la Collection Pelliot du fonds d'Estampages*）一直为手写本形式。

在这本《伯希和拓片典藏目录》的卷首，王重民亲笔撰写了简短的前言："本简要目录是伯希和于1909年从中国所带回拓片的完整名录。该目录按照中国皇帝在位时间的先后顺序排列；经书及佛经集中在后面叙述。我列出每张拓片的作者、书法家、立碑日期（根据阴历转换成阳历）及地点。附录部分有《沙畹拓片典藏目录》：主要是元代的宗教敕令和泰山题铭。王重民，1938年2月19日。"

这篇文献记录，可从法国国家图书馆老馆特藏部机读目录查阅（BnF Archives et manuscrits），链接：https://archivesetmanuscrits.bnf.fr/ark：/12148/cc1053053。

二、史密斯 – 勒苏埃夫特藏

亚历山大 – 奥古斯特 · 勒苏埃夫（Alexandre-Auguste

Lesouëf，1829—1906），著名藏书家、人种学学会会员，终生酷爱收藏书籍、手稿、版画和古玩，其中东方文献的数量非常多。他的继承人妹妹史密斯夫人及外甥女珍妮和马德琳·史密斯，于1913年将其珍贵藏品捐赠给国家，最初保存在马恩河畔诺让的史密斯－勒苏埃夫基金会图书馆，1950年之后陆续将大部分东方写本迁至法国国家图书馆写本部东方分部，1980年将中文、日文、越南文收藏转到法国国家图书馆，最后转移的是远东印刷书籍收藏。法国国家图书馆写本部史密斯－勒苏埃夫中文图书中有一些善本及珍品，现举例如下：

史密斯－勒苏埃夫中文图书69号：御制耕织图

御制耕织图 / ［清圣祖玄烨题诗］；焦秉贞绘．—木夹板经折装．—［北京］：［武英殿］，清康熙35年［1696］．—1册（52叶）：彩图；高34.5、宽28cm．木夹板上镌书名《御制耕织图》，书前有康熙《御制耕织图序》，行草书，末署“康熙三十五年春二月社日题并书”，序前钤“佩文斋”白文长方印，序末钤“康熙宸翰”朱文方印及“稽古右文之章”白文方印．全书版式采用上文下图，每幅图上方有康熙行书题诗，幅内抄录五言律诗一首，耕图、织图各23幅，共

计46幅图，图匡高24.4、宽24.2cm，最后一幅《成衣》画面左下角题“钦天监五官臣焦秉贞画，鸿胪寺序班臣朱圭镌”.

三、杜乃扬旧藏

前面多次提到的法国学者杜乃扬（1911—1972），原名玛丽-罗白尔特·忉雷昂（Marie-Roberte Dolléans），婚后改名为玛丽-罗白尔特·吉尼亚尔（Marie-Roberte Guignard），杜乃扬是她的中文名字。她是法国国家图书馆研究馆员、东方文献分部主任、汉学家，曾与王重民交换到北京图书馆外文部工作。她喜爱中国文化，在北京工作五年期间购买了大量的中文典籍，丰富充实了她的个人藏书。在她的旧藏中，有一些是民国时期的罕见文献，如此钟敬文之早期著作。

钟敬文（1903—2002），中国著名民俗学家、民间文艺学家，五四以来中国重要的现代诗人、散文家、作家、文学批评家和教育家。钟敬文一生建立了中国民俗学和中国民间文艺学两门学问，还创建了中国民俗学派，被

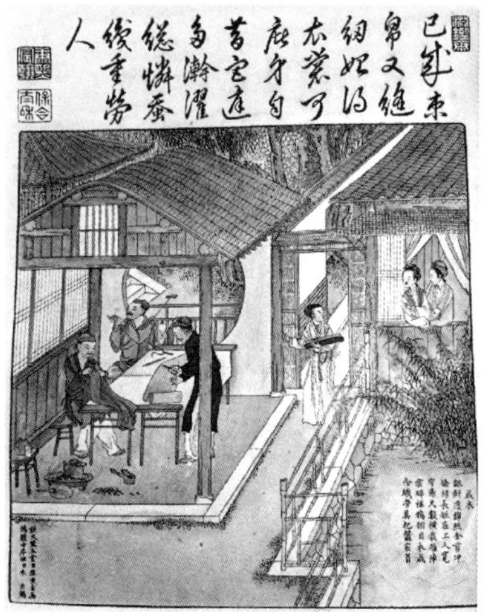

图 19 《御制耕织图》
彩绘本两幅

誉为“中国民俗学之父”。1927年秋，钟敬文到广州中山大学，给时任文学院院长兼中文系主任的傅斯年先生作助教，与顾颉刚、董作宾、容肇祖等成立了民俗学会，编辑了《民间文艺》《民俗》周刊，以及民俗学系列丛书。1928年秋到杭州，在浙江大学文理学院、浙江民众实验学校、西湖国立艺术学院任教，参与创办了杭州中国民俗学会，编辑《民间》月刊、《民俗周刊》、《民俗学集镌》等学术书刊，出版《民俗学会丛书》。在杜乃扬的旧藏中，有她在北京工作期间搜集和购买的钟先生在广州和杭州出版的早期著作，十分珍贵。在她身后，经其亲属的捐赠，这批书籍补入法国国家图书馆馆藏中文图书。兹按法国国家图书馆编目的原貌，对这批图书的条目录入如下：

1. 钟敬文《民间文艺丛话》

东方文献典藏 8—IMPR OR—20541 号

Min jian wen yi cong hua［Texte imprimé］/Zhong Jing wen zhu 民间文艺丛话［Texte imprimé］/ 钟敬文著. —Guang zhou：Guo li Zhong shan da xue Yu yan li shi xue yan jiu suo，Min guo 17 nian［1928］. —；广州：国立

中山大学语言历史学研究所，民国 17 年［1928］. —1 vol.；21 cm. —（Min su xue hui cong shu）（民俗学会丛书）.

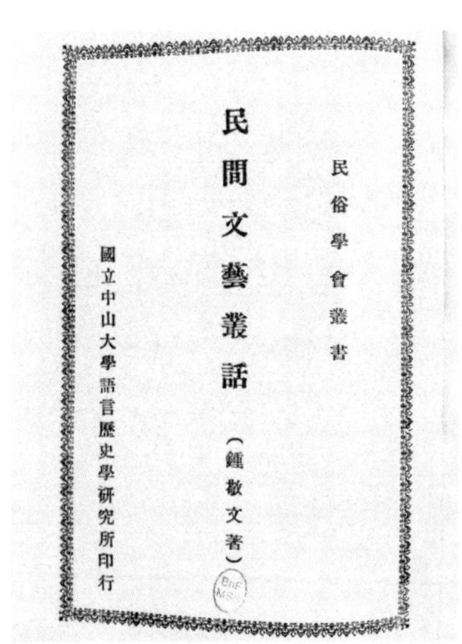

图 20 钟敬文《民间文艺丛话》

该书目记录在法国国图机读总目录（BnF Catalogue général）上的链接为 https://catalogue.bnf.fr/ark：/12148/cb45511692m。

2.《中国民俗学运动歌》钟敬文词、程懋筠曲

《中国民俗学运动歌》，图片选自《民俗学集镌》第

图 21 《中国民俗学运动歌》，钟敬文词、程懋筠曲。

二辑（钟敬文、娄子匡编，杭州：中国民俗学会，民国21年［1932］出版，1册，插图；21cm），法国国家图书馆写本部东方文献典藏 8—IMPR OR—20536 号。

这首歌作曲者程懋筠教授，中国著名音乐家，时任南京中央大学音乐系主任。钟先生在歌中写道“这是一座壮大的花园，里面有奇花，也有异草”，让我们大家来耕耘，虽然今天比较寂寞，但“有一天她定要惊人地热闹”！

3. 钟敬文参与编辑的其他民俗学丛书

Miao feng shan［Texte imprimé］/Gu Jie gang bian zhu 妙峰山［Texte imprimé］/ 顾颉刚编著. —Guang zhou：Guo li Zhong shan da xue Yu yan li shi xue yan jiu suo，Min guo 17 nian［1928］. —；广州：国立中山大学语言历史学研究所，民国 17 年［1928］. —1 vol.；21 cm. —（Min su xue hui cong shu；1）（民俗学会丛书）.

Fu zhou ge yao jia ji［Texte imprimé］/Wei Ying qi bian 福州歌谣甲集［Texte imprimé］/ 魏应骐编. —Guang zhou：Guo li Zhong shan da xueYu yan li shi xue yan jiu suo，Min guo 18 nian［1929］. —；广州：国立中山大学语言历史学研究所，民国 18 年［1929］. —1 vol.；21 cm. —（Min su xue hui cong shu)(民俗学会丛书).

Tai wan qing ge ji [Texte imprimé] /XieYun sheng bian 台湾情歌集 [Texte imprimé] / 谢云声编. —Guang zhou：Guo li Zhong shan da xue Yu yan li shi xue yan jiu suo，Min guo 17 nian [1928]. —；广州：国立中山大学语言历史学研究所，民国 17 年 [1928]. —1 vol.；21 cm—(Min su xue hui cong shu)(民俗学会丛书).

Kai feng ge yao ji [Texte imprimé] /Bai Shou yi bian 开封歌谣集 [Texte imprimé] / 白寿彝编. — Guang zhou：Guo li Zhong shan da xue Yu yan li shi xue yan jiu suo，Min guo 18 nian [1929]. —；广州：国立中山大学语言历史学研究所，民国 18 年 [1929]. — 1 vol. ； 19 cm. —(Min su xue hui cong shu)(民俗学会丛书).

Min ge jia ji [Texte imprimé] /XieYun sheng bian 闽歌甲集 [Texte imprimé] / 谢云声编. — Guang zhou：Guo li Zhong shan da xue Yu yan li shi xue yan jiu suo，Min guo 17 nian [1928]. —；广州：国立中山大学语言历史

学研究所，民国 17 年［1928］. —1 vol.；21 cm. —（Min su xue hui cong shu）（民俗学会丛书）.

Zhong guo xin nian feng su zhi［Texte imprimé］/Lou Zi kuang bian zhu；Zhou Zuo ren，Gu Jie gang，Yang Kun xu 中国新年风俗志［Texte imprimé］/ 娄子匡编著；周作人、顾颉刚、杨堃序. —Shao xing Tang pu：Min jian chu ban bu，Min guo 21 nian［1932］. —；绍兴汤浦：民间出版部，民国 21 年［1932］. —1 vol.：ill.；19 cm. —（min su xue hui cong shu）（民俗学会丛书）.

Hu nan chang ben ti yao［Texte imprimé］/Yao Yi zhi bian shu 湖南唱本提要［Texte imprimé］/ 姚逸之编述. —Guang zhou：Guo li Zhong shan da xue Yu yan li shi xue yan jiu suo，Min guo 18 nian［1929］. —；广州：国立中山大学语言历史学研究所，民国 18 年［1929］. —1 vol.；21 cm. —（Min su xue hui cong shu）（民俗学会丛书）.

Qing ge chang da［Texte imprimé］/Qiu Jun bian 情

歌唱答［Texte imprimé］/ 丘峻编. —Guang zhou：Guo li Zhong shan da xue Yu yan li shi xue yan jiu suo，Min guo 17 nian［1928］. —；广州：国立中山大学语言历史学研究所，民国 17 年［1928］. —1 vol.；21 cm.—（Min su xue hui cong shu）（民俗学会丛书）.

Hai zi men de ge sheng［Texte imprimé］/Huang Zhao nian bian；Zhong Jing wen xu 孩子们的歌声［Texte imprimé］/ 黄诏年编；钟敬文序. —Guang zhou：Guo li Zhong shan da xue Yu yan li shi xue yan jiu suo，1928. —；广州：国立中山大学语言历史学研究所，1928. —1 vol.；13cm×19 cm. —（Min su xue hui congshu）（民俗学会丛书）.

《民间》（月刊）/ 主编人：钟敬文、娄子匡、陶茂康，中国民俗学会编纂. —绍兴：杭州：民间出版部，民国 21—22［1932—1933］.

Min jian yue kan［Texte imprimé］/Zhong guo min su xue hui bian zuan 民间月刊［Texte imprimé］/ 中国民俗

学会编纂. — N° 1（1932）—.—Shao xing：Tang pu Min jian chu ban bu，Min guo 21 nian［1932］. —；绍兴：汤浦民间出版部，民国 21 年［1932］. —vol.：ill.；19cm. 馆藏民间月刊：第 2 卷：第 1 号，第 2 号，第 3 号，第 4 号，第 5 号，第 6 号，第 7 号，第 8 号.

《民俗》(周刊) / 国立中山大学语言历史学研究所编辑，1928 年 3 月始刊。先后由钟敬文、容肇祖、刘万章任编辑。

Min su［Texte imprimé］/Guo li Zhong shan da xue Yu yan li shi xue yan jiu suo bian 民 俗［Texte imprimé］/ 国立中山大学语言历史学研究所编. — N° 1（1928）—.Guang zhou：Guo li Zhong shan da xue chu ban bu，Min guo 17 nian［1928］. —；广州：国立中山大学出版部，民国 17 年［1928］. —vol.：ill.；19cm. 馆藏民俗(周刊)：第 33 期，第 35 期，第 36 期，第 39 期，第 40 期，第 31—40 期，第 53—55 期，第 60 期，第 61—62 期，第 63 期，第 64 期，第 65 期，第 66 期，第 76 期，第 77 期，第 78 期，第 79 期，第 80 期。

4. 赠书中的赠书——北平笺谱

在杜乃扬的旧藏中，有一部非常有意义的典籍，即1934年圣诞节前夜北平图书馆的部分中国馆员向她赠送的《北平笺谱》。

> Bei ping jian pu 北平笺谱 / 鲁迅、西谛编. —彩印本. —北平：荣宝斋，1934. —1 函（6 册）：彩图；33cm.
> 《北平笺谱》共收木刻套印彩笺三百三十二幅，瓷青纸书衣，线装，六册一函. 书衣题签为沈兼士先生书写. 引首沈尹默先生写《北平笺谱》四字楷书，作欧阳率更体. 鲁迅作序，魏建功先生书写，但未署真名，只署“天行山鬼书”. 郑振铎之序由郭绍虞书写.
> 书中夹带一张纸，上面用法文印刷体写着：“À Mademoiselle Dolléans：Joyeux Noël et des souhaits de Bonne Année！”下有毛笔中文签名：向达、何国贵、余炳元、胡英、马万里、曾宪三、曾宪文、万斯年等 16 人.

扉页由沈兼士之兄也是鲁迅好友的沈尹默题写，书

图 22 《北平笺谱》书衣题签，封面题签者为鲁迅好友沈兼士，书体为行草，加盖“沈兼士”白文印

体为行楷，书为三行：“鲁迅 西谛编　北平笺谱　尹默”，名下加盖“沈尹默印”白文印章。

《北平笺谱》版权页在全书的最后，即第六册末尾，系根据魏建功手书制版，全文如下：一千九百三十三年九月勼工选材印造一百部。一千九百三十四年再版一百部，此为再版本。第四十五部。

其中“四十五”号码为人工手书。这就是说，法国国家图书馆的这部杜乃扬女士旧藏为第二次印刷百部中

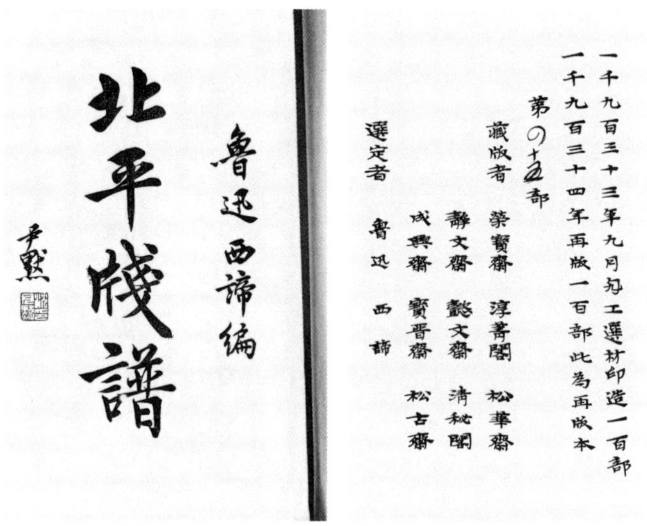

图 23 《北平笺谱》扉页　　图 24 《北平笺谱》的选定者

的第“四十五部”。

《北平笺谱》是鲁迅与郑振铎（西谛）于 1933 年合作编选出版的传统水印木刻笺纸集。该书初版印制 100 部，很快售罄，于是在 1934 年又重印了 100 部。而今，这部笺谱即便是第一版第二次印刷，也已成为弥足珍贵的稀有文物。这完全符合鲁迅当年所前瞻预测：“至三十世纪，必与唐版媲美矣。”

图25　向杜乃扬赠送《北平笺谱》的中国同仁

《北平笺谱》书中夹带一张彩色纸，上面用法文印刷体写着：“À Mademoiselle Dollèans：Joyeux Noël et des souhaits de Bonne Année！”1934年圣诞节前夜，北平图书馆部分馆员向她赠送该书，“献给杜乃扬女士：圣诞快乐并祝新年好！”上有：向达、何国贵、余炳元、胡英、马万里、徐家璧、张秀民、曾宪三、曾宪文、闵宁、贺昌群、万斯年、贾芳、邓衍林、严文郁、顾华十六人的签名，日期为：中华民国二十三年十二月二十四日（1934 年 12 月 24 日）。

其中，向达（1900—1966），著名的历史学家、敦煌学家，1930 年任北平图书馆编纂委员会委员、写经组组长；

张秀民（1908—2006），目录学家、印刷史专家，曾任北平图书馆索引股股长，历任北京图书馆参考研究组组长、副研究员；

贺昌群（1903—1973），历史学家，中外交通史专家，1933 年任北平图书馆编纂委员会委员，1949 年后，任南京图书馆馆长。

这套意义非凡的珍贵礼物——《北平笺谱》，不仅是 20 世纪 30 年代北平图书馆馆员跟法国国家图书馆馆员之间深厚友谊的象征，也是中法两国人民之间相互尊重、友好和平的具体见证。

笺纸图例：

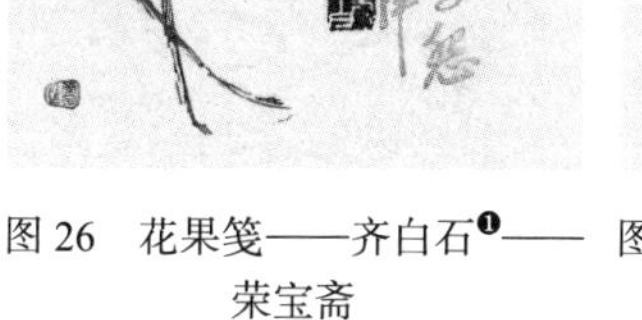

图 26 花果笺——齐白石❶——荣宝斋

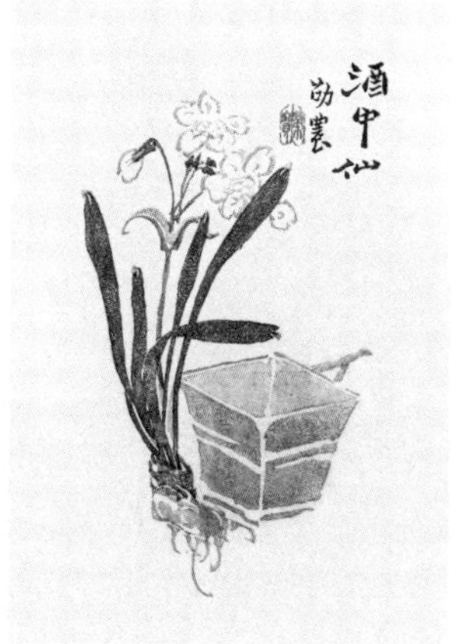

图 27 花果笺——王振声❷——荣宝斋

---

❶ 齐白石（1864 — 1957），现代绘画大师。原名纯芝，字渭青，号兰亭。后改名璜，字濒生，号白石、白石山翁、老萍、饿叟、借山吟馆主者、寄萍堂上老人、三百石印富翁。

❷ 王振声（1842—1922），近代书画家。字劭农，一作少农。同治十三年进士，由给事中官徽州知府。旋即乞归，因号黄山遯叟。善书、画，承家学，花鸟得华岩逸韵。

第五节

法国国家图书馆的现代利用

一、机读总目

法国国家图书馆机读总目录（BnF Catalogue général），包括1,300多万条书目记录，近500万条著者文档（人名、团体机构名称）、作品名称文件和主题文件。该目录是对历史悠久的呈缴文献、采购及捐赠文献进行的常规性编目，还有对部分老目录所作的转换。它囊括了法国国家图书馆各个馆址保存的所有文献：诸如印刷型文献、音响数据、声像数据、多媒体、音乐文献、图画、版画、照片、地图、数字化文献等。

查询写本部中文古籍及中文印刷品文献，必须先查找法国国家图书馆机读总目录，网址为：http://catalogue.bnf.fr。

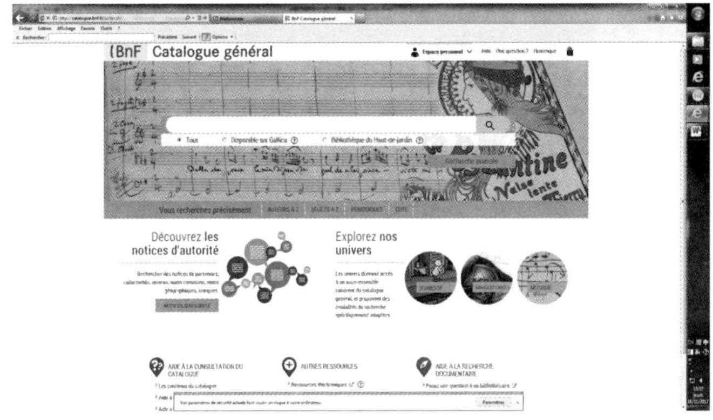

图 28　法国国家图书馆机读总目录网站首页

有简单查询和高级查询两种方式。

简单查询。①输入题名或著者名；②输入题名加出版年。查询时可直接输入汉语拼音或汉字。例如：

Bianzhitangxinji Yi jingjijie 辨志堂新辑易经集解。

点击屏幕上所显示的检索结果——书目记录中的被查询古籍即可。

高级查询。例如：统一题名权威记录“Yi jing 易经”，有 70 条书目记录相连，主题有 190 条书目记录相连。该条书目记录：

图 29　查询《辨志堂新辑易经集解》

辨志堂新辑易经集解 / 万经（授一）辑. —［中国］: 西夷堂，清康熙二十五年［1686］书名页题“甬上万授一辑西夷堂梓行”

Note（s）: 书衣题《易经集解》，书名页题“甬上万授一辑西夷堂梓行”

Titre conventionnel 题名权威记录链接：［Yi jing］

Titre（s）书名：Bianzhitangxinji yi jingjijie/Wan Jing（Shou yi）ji 辨志堂新辑易经集解 / 万经（授一）辑

Publication 出版项：［Zhongguo］: Xi yi tang，Qing Kang xi 25 nian［1686］［中国］: 西夷堂，清康熙二十五年［1686］

Autre（s）auteur（s）其他著者权威记录链接：Wan，Jing（1659—1741）. Compilateur

Sujet（s）分类：经部—易类

70 条“易经”书目记录含有该题名的不同版本，包括中文、法文、英文、德文等文种的版本。

190 条主题的书目记录则更有意思，上面显示出如下内容：

用“易经”来预测未来；学习“易经”了解自我和预知未来，等等；孔夫子晚年为读《易经》“韦编三绝”，多次把系着竹简的牛皮带都翻断了。西方人也很喜欢研读中国的《易经》。

（1）输入 Titre 题名＋出版年（Date de la Publication）

题名：Shijisanjiazhu 史记三家注＋出版年：1739

该条书目记录：

Auteur（s）著者权威记录链接：Si ma，Qian（0145?—0086? av. J.-C.）

Titre conventionnel 题名权威记录链接：［Shiji］［chinois］.［1739］

史记：一百三十卷 / 司马迁撰；裴骃集解，司马贞索隐，张守节正义 .—［北京］:［武英殿］，清乾隆四年［1739］.

Autre(s)auteur(s) 其他著者权威记录链接：

Pei，Yin（0430—?）. Auteur du commentaire

Si ma，Zhen（0679—0732）. Auteur du commentaire

Zhang，Shoujie. Auteur du commentaire

Sujet(s) 分类：史部—纪传

藏书地点：黎世留老馆

中文图书号：Chinois 7

（2）点击著者权威记录文件著者标目，可进入该权威记录文件：

著者权威记录文件：先姓，后名

Si ma, Qian (0145?—0086? av. J.-C.) *forme internationale translit.-ISO*

司马，迁（0145?—0086? av. J.-C.）*forme internationale*

还有司马迁的不同拉丁文转写形式

Sima Qian（0145?—0086? av. J.-C.）

Se-MaTs'ien（0145?—0086? av. J.-C.）

Se-Ma, Ts'ien（0145?—0086? av. J.-C.）

Sseu-ma, Ts'ien（0145?—0086? av. J.-C.）

二、写本与档案文献目录

法国国家图书馆写本与档案文献目录（BnF Archives et manuscrits），是对收藏在黎世留老馆的写本部、表演艺术部、音乐数据部，钱币、奖章及古董部的写本、图画和档案数据的记录，以及对密特朗新馆声像部的视听资料、阿斯纳（Arsenal）图书馆的文献数据，还有法国国家图书馆 17 世纪以来行政档案数据的记录。

对法国国家图书馆写本部手稿和敦煌写本的查询，需使用法国国家图书馆写本与档案文献目录，网址为

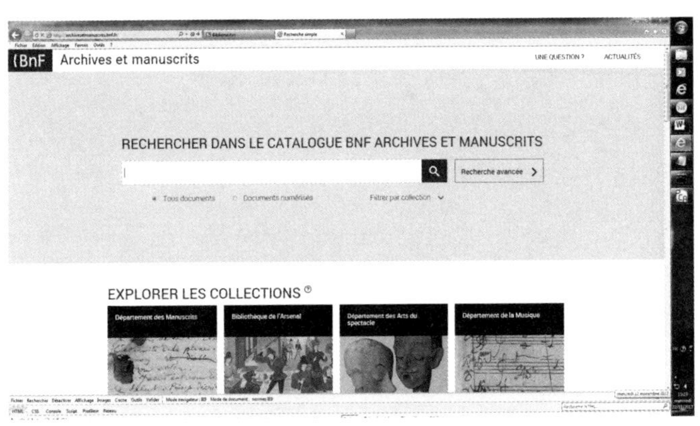

图 30　法国国家图书馆写本与档案文献目录网站首页

http://archivesetmanuscrits.bnf.fr/。

如：

查阅伯希和敦煌中文写本 2001 号，唐义净的《南海寄归内法传》，方法如下：

（1）Titre 题名查询

可输入汉语拼音或汉字：Nan hai ji gui nei fa zhuan 南海寄归内法传

检索结果显示：

[parYi jing 义净].

Cote 典藏号：Pelliot chinois 2001 号（伯希和中文典藏 2001 号）

（2）Auteur 著者查询

可输入汉语拼音或汉字：Yi jing 义净

在所显示的检索结果书名记录单中，有 Yi jing 义净作为译者和著者的写本。

Cote 典藏号：Pelliot chinois 4947 号（伯希和中文典藏 4947 号）

[Jin guang ming zui sheng wang jing 金光明最胜王经 trad. de Yi jing 义净译].

……

（3）Cote 典藏号查询

直接输入 Cote 典藏号，如：Pelliot chinois 2001 号（伯希和中文典藏 2001 号）

（4）典藏部门系统查询

点击“Collections 典藏部门”或 点击“Département des manuscrits 写本部”，所显示的文种或主题，按照其发音的拉丁字母顺序排列。在这些类目中，就能找到敦煌中文典藏（Fonds Pelliot chinois）。如在敦煌中文写本 2001—2500 号（Pelliot chinois 2001—2500 号）部分，就能找到 2001 号，也就是中文的第 1 号。点击进入就可得到 2001 号的信息：

写本题名：Nan hai ji gui nei fa zhuan 南海寄归内法传

著者：[Yi jing 义净].

很遗憾，有些书目记录并没有与该写本的数字化图片链接，因为敦煌中文写本法文目录，从印刷型书目转换为机读目录，是由外部编目公司制作的，当时没有把每条书目记录都链接到相关的数字化图片上，一些书目记录由图书馆员进行了链接。因此，浏览敦煌写本的数字化图片，最好直接到法国国家图书馆数字图书馆网站（Gallica）去查阅。

三、数字图书馆网站

法国国家图书馆数字图书馆成立于 1992 年，到 1998 年基本形成规模。该馆以“Gallica”（嘎利加）命名，现已有数字文献 400 余万种。该数字图书馆以建立一个百科全书式的数字文献中心为宗旨，重点介绍法国文明的各个侧面，其历史跨度上自中世纪下至 21 世纪。

数字图书馆的文献均为免费服务。数字图书馆 Gallica 网站网址为：http://gallica.bnf.fr。

（1）典藏编号检索

在数字图书馆上查询敦煌写本，最常用的方法是使用典藏编号。例如：伯希和中文典藏 2001 号，输入法文“Pelliot chinois 2001”。

法国国家图书馆敦煌写本 P.2001 号含唐义净《南海寄归内法传》序和卷一，伯希和把它列为敦煌中文写

图 31　法国国家图书馆数字图书馆网站首页

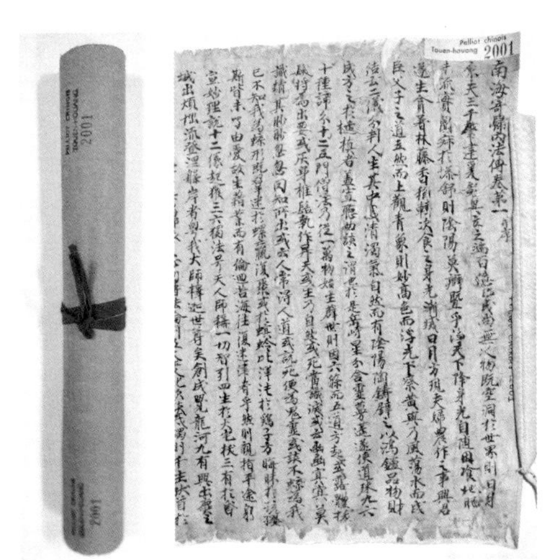

图 32　伯希和中文典藏 2001 号《南海寄归内法传》

本的第一号，这是随意为之，还是出于一定的原因？有关这一问题，北京大学梵文专家王邦维教授写有专论《再谈敦煌写卷 P.2001 号：学术史与〈大唐西域求法高僧传〉的书名》，载于《清华大学学报（哲学社会科学版）》2017 年第 5 期。他根据伯希和当年在敦煌藏经洞“觅宝”时所作的日记和笔记，结合其学术经历和背景，进行了详细论证。他认为，这不是偶然的，它跟作品的重要性有关，跟该文当时在欧洲的影响也有直接关系。

（2）著者（Auteur）检索

如查：“Li Bai”李白

Pelliot chinois 2567 号（+2552）在法国国家图书馆数字图书馆上的图片链接为：http:gallica.bnf.fr/ark:/12148/btv1b8304029j。

该写本共含李白诗歌 37 首。

其一为李白《月下对影独酌》：

花间一壶酒，
独酌无相亲。
举杯邀明月，

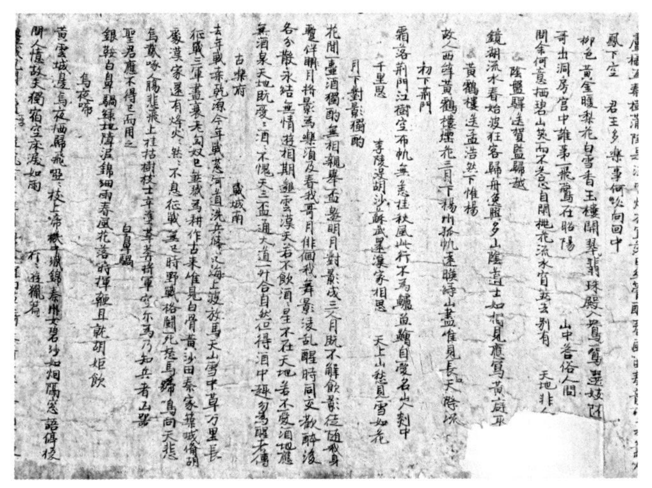

图 33　伯希和中文典藏 2567 号写本第 5 叶

对影成三人

……

李白《月下独酌》通行本四首，第三首十二句行，余十四句行。有人评李白十四行诗传入西欧近千余年，成莎翁十四行诗。

（3）题名（Titre）检索

如查：“Pi pa pu”琵琶谱

敦煌写本伯希和中文典藏 3808 号在法国国家图书馆数字图书馆上的图片链接为：http://gallica.bnf.fr/ark:/12148/

btv1b8303290v。

正面：

Chang xing 4 nian Zhong xing dian ying sheng jie jiang jing wen 长兴四年中兴殿应圣节讲经文

反面：

Pi pa pu 琵琶谱

敦煌曲谱是五代后唐时期抄录的琵琶所用乐谱，共有 20 个谱字和 25 首曲子，它采用半字符号书写记录，被称为燕乐半字谱、卷子谱、敦煌琵琶谱等。现收藏在

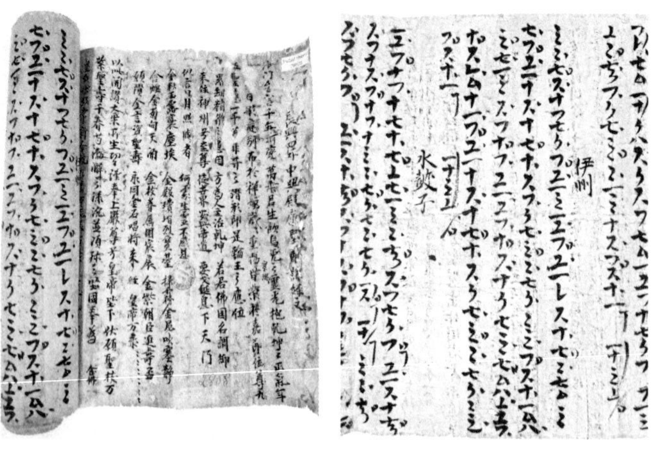

图 34　伯希和中文典藏 3808 号敦煌曲谱

法国国家图书馆东方手稿库，编号为P.3808。伯希和中文典藏3808号的正面为《长兴四年（933年）中兴殿应圣节讲经文》，曲谱抄写在它的背面，25首分段曲谱的题名分别为：

①《品弄》；

②《弄》；

③《倾杯乐》；

④《又慢曲子》；

⑤《又曲子》；

⑥《急曲子》；

⑦《又曲子》；

⑧《又慢曲子》；

⑨《急曲子》；

⑩《又慢曲子》；

⑪（佚名）；

⑫《倾杯乐》；

⑬《又慢曲子·西江月》；

⑭《又慢曲子》；

⑮《慢曲子·心事子》；

⑯《又慢曲子·伊州》；

⑰《又急曲子》；

⑱《水鼓子》；

⑲《急胡相问》；

⑳《长沙女引》；

㉑（佚名）；

㉒《撒金沙》；

㉓《营富》；

㉔《伊州》；

㉕《水鼓子》。

其中一些曲名虽有重复，但曲谱内容并不相同。全谱有三种不同笔迹，共录乐谱符号 2,700 多个。《敦煌曲谱》是中国迄今所见最早的曲谱，中外音乐史家对该曲谱进行了大量的转译、解读研究。《敦煌曲谱》虽仅有 25 首，但古奥难识，确实令人觉得神秘莫测，所以人们常把它称为"音乐天书"。

举这个例子也想说明，敦煌写本背面和正面的内容同样重要。

结 语

法国国家图书馆的中文图书是一笔无价的宝藏，尤其是其中令无数人充满敬意、又无比向往的敦煌文献，在一百多年前便曾让伯希和发出如下慨叹："诸位不难想象我当时的心灵受到何等的震撼，我面对的是最了不起的中国写本大发现，这在远东历史上是前所未有的。"[1]这些文献的重要性是举世公认的，就像法国另一位汉学家戴密微所言："这些古老卷宗的一块纸片告诉我们的，比二十卷官修史书还要多。越研究它们就越凸显它们的重要性。"[2]

随着历史的前进，越来越多的人形成共识，精神文化遗产不只属于一个民族，而是属于全人类；科技的进步为人们分享文化遗产提供了很多便利，任何学者都可以通过计算机，涉猎世界各大图书馆的藏书，法国国家

[1] 摘录于1909年12月10日伯希和在巴黎索邦大学大演讲厅发表的演说。

[2] 摘录于1940年春戴密微写给哈佛燕京学社社长叶理绥（Serge Elisséeff，1889—1975）先生信件的草稿，保存于法兰西学院亚洲学会戴密微通信档案。

图书馆的中文图书也如此。无论过去和现在，热爱中法文化的人们，亲手触摸这些跨越千年的历史典籍，体验那种心灵的震撼，领会那种无法言传的精神，都会得到跨文化的神圣享受。

主要参考文献

(1) *Une Bibliothèque médiévale retrouvée au Kan-sou*/ Paul Pelliot, in *Bulletin de l'École française d'Extrême-Orient*, t. VIII, 1908, p. 501—529.

(2) *Bibliothèque nationale de France: l'esprit du lieu*/ Bruno Blasselle, 2001.

(3) *Bibliothèque nationale de France, Tolbiac, décembre, 1996.*— Paris: BNF, 1996.

(4) *Bibliothèque nationale de France au seuil du vingt et unième siècle.*— Paris: BNF, 1998.

(5) *Bibliothèque nationale de France, site François-Mitterrand: une architecture entre ciel et terre.*— Paris: BNF, 1999.

(6) *La Bibliothèque nationale de France: mémoire de*

l'avenir / Bruno Blasselle, Jacqueline Melet-Sanson, 2006.

（7）*Carnets de route: 1906—1908*/Paul Pelliot; transcriptions du manuscrit original établies par Esclarmonde Monteil pour le français, Huei-Chung Tsao pour le chinois, Ingrid Ghesquière pour le russe; révision et avertissement de Francis Macouin; coordination par JérômeGhesquière.—Paris: Les Indes savantes; Guimet—Musée national des arts asiatiques, impr.2008.—1 vol. (479p.-VIIIp.de pl.): ill.;29cm.

（8）*Catalogue des livres chinois, coréens, japonais, etc.: [cotes Chinois 1 à 9080]* /Maurice Courant.— Paris, E. Leroux, 1902—1912.

（9）*Catalogue des manuscrits chinois de Touenhouang (Fonds Pelliot-chinois), vol. I, n°s 2001—2500*/d'après les notes de P. Pelliot et de Wang Tchong-min, par J. Gernet et Wu Chi-yu, M.-R. Séguy, H. Vetch et M.-R. Guignard, Paris, Bibliothèque nationale, 1970.

（10）*Catalogue des manuscrits chinois de Touenhouang. Fonds Pelliot chinois de la Bibliothèque nationale, vol. III, n°s 3001—3500*/sous la direction de Michel Soymié, Paris, Fondation Singer-Polignac, 1983. (Publication de l'Équipe de recherche sur les manuscrits de Dunhuang et matériaux connexes, EPHE, IVe section associée au CNRS, ERA 438.)

（11）*Catalogue des manuscrits chinois de Touenhouang. Fonds Pelliot chinois de la Bibliothèque nationale, vol. IV, n°s 3501—4000* / sous la direction de Michel Soymié.— Paris: Publications hors série de l'École française d'Extrême-Orient, 1991.

（12）*Catalogue des manuscrits chinois de Touenhouang. Fonds Pelliot chinois de la Bibliothèque nationale, vol. V, 2 tomes, n°s 4001-6040*/sous la direction de Michel Soymié.— Paris: Publications hors série de l'École française d'Extrême-Orient, 1995.

（13）*Catalogue du fonds d'estampages de la collection Pelliot [suivi du] Catalogue des estampages de la collection Chavannes*（《伯希和拓片典藏目录》）/ WANG Zhongmin 王重民先生遗稿 , 1938.

（14）*Catalogue des collections Pelliot A et B*（《伯希和 A 藏和 B 藏目录》）/ WANG Zhongmin 王重民先生遗稿．— Paris, 1935—1939. 2 vol.

（15）*Collection Pelliot. Estampages* / Paul Pelliot.

[Répertoire sommaire des 166 liasses, Papiers d'orientalistes 28, Fol. 188—192.]

（16）*Inventaire des Manuscrits tibétains de Touen-houangconservés à la Bibliothèque Nationale (Fonds Pelliot tibétain): N°s 1—849* / Marcelle Lalou. Paris, A. Maisonneuve, 1939.

（17）*Inventaire des Manuscrits tibétains de Touen-houangconservés à la Bibliothèque Nationale (Fonds Pelliot tibétain)*: *N°s 850—1109*/Marcelle Lalou. Paris, A. Maisonneuvc, 1950. [L'ouvrage décrit en réalité les manuscrits jusqu'au numéro 1282.]

（18）*Inventaire des Manuscrits tibétains de Touen-houangconservés à la Bibliothèque Nationale (Fonds Pelliot tibétain): N°s 1283—2216*/Marcelle Lalou. Paris, Bibliothèque Nationale, 1961.

（19）*Manuscrits, xylographes, estampages: les collections orientales du Département des manuscrits: guide*/sous la dir. d'Annie Berthier.—Paris, Bibliothèque nationale de France, 2000.

（20）*Notes sur l'Asie centrale. Les Trois Grottes et les*

ruines de Terguman au nord de Kachgar /Paul Pelliot.— in *Bulletin de l'École française d'Extrême-Orient*, T. VI, 1906, p. 255—269.

（21）*Périodiques en langue chinoise de la Bibliothèque nationale*/Marie-Rose Séguy et Jean-Claude Poitelon.— Paris, 1972.

（22）*Répertoire des collections Pelliot A et B du Fonds chinois de la Bibliothèque nationale*/Paul Pelliot.—in *T'oung-pao*, 1913, 2[e]série, vol. XIV, p. 697—781.

（23）Site web de la BNF: http://www.bnf.fr, 2018-08.

（24）*Trésors de Chine et Haute Asie*/Marie-Rose Séguy.— Paris, 1979.

（25）*Trois ans dans la Haute-Asie: conférence de M. Paul Pelliot au grand amphithéâtre de la Sorbonne le 10 décembre 1909* / Paul Pelliot.— Paris, in *Bulletin du Comité de l'Asie française*, janvier 1910.

（26）敦煌遗书总目索引 / 王重民．—北京：商务印书馆，1962 年。

（27）法国国家图书馆藏敦煌西域文献（*Manuscrits de Dunhuang et d'Asiecentraleconservés à la Bibliothèquenationale de France*)/ 上海古籍出版社、法国国家图书馆编. —上海：上海古籍出版社，1995—2005 年。

（28）法国国家图书馆自动化管理简介 / 罗栖霞（Julie Lechemin）. —北京图书馆馆刊,1995 年第 3—4 期。

（29）方广昌敦煌遗书散论 / 方广昌著. 上海：上海古籍出版社，2010.

（30）王重民巴黎往事追记（1934—1939）/ 蒙曦（Nathalie Monnet）撰，罗栖霞（Julie Lechemin）译，版本目录学研究（第五辑），北京：北京大学出版社，2014 年。

附　录

“跨文化研究”丛书书目[1]

1 乐黛云《跨文化方法论初探》，中国大百科全书出版社，2016。

2 ［法］汪德迈（Léon Vandermeersch）《中国文化思想研究》，中国大百科全书出版社，2016。

3 ［法］金丝燕、法宝（T·Dammaratana）《佛经汉译之路：〈长阿含·大本经〉对勘研究》，北京大学出版社，2016。

4 ［法］金丝燕《文化转场：中国与他者》，中国大百科全书出版社，2016。

5 程正民《跨文化研究与巴赫金诗学》，中国大百科全书出版社，2016。

6 董晓萍《跨文化民间文艺学》，中国大百科全书出版社，2016。

7 ［法］劳格文（John Lagerwey）《华南民俗志》，中国大百科全书出版社，2016。

8 王邦维《跨文化的想象：文献、神话与历史》，中国大百科全书出版社，2017。

9 王一川《跨文化艺术美学》，中国大百科全书出版社，2017。

10 董晓萍《跨文化民俗学》，中国大百科全书出版社，2017。

11 董晓萍《跨文化民俗志》，中国大百科全书出版社，2017。

12 董晓萍《钟敬文与中国民俗学派》，中国社会科学出版社，2017。

13 ［爱沙尼亚］于鲁·瓦尔克（Ülo Valk）《信仰·体裁·社会》，董晓萍译，中国大百科全书出版社，2017。

［法］劳格文（John Lagerwey）、谭伟伦主编《中国客家地方社会研究》（全4卷），中国人民大学出版社，2017。

14 ［法］劳格文、谭伟伦主编《（一）闽西客家社会——长汀》，中国人民

---

[1] “跨文化研究”丛书是教育部人文社会科学重点研究基地重大项目“跨文化视野下的汉语、汉字与民俗文化研究”的综合性研究成果，［法］金丝燕、董晓萍主编，中国出版社有：中国大百科全书出版社、北京大学出版社、商务印书馆、中国人民大学出版社、高等教育出版社、中国社会科学出版社、文化艺术出版社和上海大学出版社。法国出版社有：Paris:Éditions You Feng Libraire & Éditeur 与 Paris：Nuvis，乐黛云、［法］金丝燕、董晓萍主编。

大学出版社，2017。

15 [法]劳格文、谭伟伦主编《(二)闽西客家社会——宁化》，中国人民大学出版社，2017。

16 [法]劳格文、谭伟伦主编《(三)与非客的社会》，中国人民大学出版社，2017。

17 [法]劳格文、谭伟伦主编《(四)粤东粤北社会》，中国人民大学出版社，2017。

18 [法]汪德迈（Léon Vandermeersch）《中国思想的两种理性：占卜与表意》，[法]金丝燕译，北京大学出版社，2017。

19 王宁《汉字六论》，中国大百科全书出版社，2017。

20 [法]汪德迈（Léon Vandermeersch）、金丝燕编著《古文言读本》(法文版)，Paris: Éditions You Feng Libraire & Éditeur，2017。

21 [法]金丝燕等译《药师琉璃光七佛本愿功德经》(法文版)，Paris: Éditions You Feng Libraire & Éditeur，2017。

22 董晓萍《中国经典故事》(法文版)，Paris :Nuvis，2017。

23 [德]艾伯华（Wolfram Eberhard）《中国民间故事类型》(修订版)，王燕生、周祖生译，刘魁立审校，董晓萍校注，商务印书馆，2017，2018。

24 [法]汪德迈（Léon Vandermeersch）《跨文化中国学》，中国大百科全书出版社，2018。

25 乐黛云、陈越光主编《全球视野下的中国文化本位》，中国人民大学出版社，2018。

26 乐黛云、陈越光主编《全球治理、国家治理和社会治理》，中国人民大学出版社，2018。

27 [法]金丝燕主编《中国当代艺术》(法文版)，Paris: Nuvis，2018。

28 [法]白乐桑（Jöel Belensan）《跨文化汉语教育学》，中国大百科全书出版社，2018。

29 [英]白馥兰（Francesca Bray）《跨文化中国农学》，董晓萍译，中国大百科全书出版社，2018。

30 董晓萍《跨文化民俗体裁学》，中国大百科全书出版社，2018。

31 王宁《跨文化汉字学》，Paris:Éditions You Feng Libraire & Éditeur，2018。

32 程正民《巴赫金诗学》，Paris:Éditions You Feng Libraire & Éditeur，2018。

程正民主编《20世纪俄罗斯诗学流派研究》(全6卷)，中国社会科学出版社，2018。

33 程正民《巴赫金的诗学》，中国社会科学出版社，2018。

34 王志耕《俄罗斯社会学诗学》，中国社会科学出版社，2018。

35 张冰《俄罗斯形式主义诗学》，中国社会科学出版社，2018。

36 贾放《普罗普的故事诗学》，中国社会科学出版社，2018。

37 马晓辉《俄罗斯历史诗学》，中国社会科学出版社，2018。

38 张冰《洛特曼的结构诗学》，中国社会科学出版社，2018。

董晓萍主编《钟敬文全集》（全16卷，共30册），高等教育出版社，2018。

39 钟敬文《钟敬文全集》第1册，董晓萍编《总目》，高等教育出版社，2018。

40 钟敬文《钟敬文全集》第2册，连树声编《中国民俗学派》，高等教育出版社，2018。

41 钟敬文《钟敬文全集》第3册，钟敬文主编《民俗学概论》，高等教育出版社，2018。

42 钟敬文《钟敬文全集》第4册，董晓萍编《歌谣学/故事学》，高等教育出版社，2018。

43 钟敬文《钟敬文全集》第5册，董晓萍编《神话传说学/谚语与谜语/民族民间文学》，高等教育出版社，2018。

44 钟敬文《钟敬文全集》第6册，董晓萍、刘铁梁编《民间文艺新论集/民间诗歌与文人诗/歌谣史与诗歌史》，高等教育出版社，2018。

45 钟敬文《钟敬文全集》第7册，董晓萍编《民间文学（香港版）/人民口头创作》，高等教育出版社，2018。

46 钟敬文《钟敬文全集》第8册，钟敬文主编《民间文学概论》，高等教育出版社，2018。

47 钟敬文《钟敬文全集》第9册，陈子艾编《民俗文化学与文化史》，高等教育出版社，2018。

48 钟敬文《钟敬文全集》第10册，董晓萍整理《民俗文化学个案研究：女娲考/〈水浒传〉专书研究》，高等教育出版社，2018。

49 钟敬文《钟敬文全集》第11册，王宁整理《民间文化传承学卷（第一册）/国学与外来学说》，高等教育出版社，2018。

50 钟敬文《钟敬文全集》第12册，王宁整理《民间文化传承学卷（第二册）/民间宗教与民间口头传承研究》，高等教育出版社，2018。

51 钟敬文《钟敬文全集》第13册，萧放编《历史民俗学》，高等教育出版社，2018。

52 钟敬文《钟敬文全集》第14册，杨利慧编《民间艺术学》，高等教育出版社，2018。

53 钟敬文《钟敬文全集》第15册，万建中编《民俗教育学》，高等教育出版社，2018。

54 钟敬文《钟敬文全集》第16册，程正民编《文艺学》，高等教育出版社，2018。

55 钟敬文《钟敬文全集》第17册，张恩和编《鲁迅研究文存（第一册）/关于鲁迅的论考与回想》，高等教育出版社，2018。

56 钟敬文《钟敬文全集》第18册，张恩和编《鲁迅研究文存（第二册）/鲁迅研究札记与译著》，高等教育出版社，2018。

57 钟敬文《钟敬文全集》第19册，何乃英编《国际交流卷》，高等教育出版社，2018。

58 钟敬文《钟敬文全集》第20册，童庆炳编《散文卷（第一册）/五四以来散文创作与抗战报告文学》，高等教育出版社，2018。
59 钟敬文《钟敬文全集》第21册，童庆炳编《散文卷（第二册）/现代散文与创作论》，高等教育出版社，2018。
60 钟敬文《钟敬文全集》第22册，董晓萍、康丽编《诗歌概论/诗歌通论/诗词格律要略》，高等教育出版社，2018。
61 钟敬文《钟敬文全集》第23册，胡友鸣编《考证〈白香词谱〉》，高等教育出版社，2018。
62 钟敬文《钟敬文全集》第24册，赵仁珪编《诗词总集》，高等教育出版社，2018。
63 钟敬文《钟敬文全集》第25册，赵仁珪、钟宜编《诗词补集》，高等教育出版社，2018。
64 钟敬文《钟敬文全集》第26册，宫苏艺编《报刊文章》，高等教育出版社，2018。
65 钟敬文《钟敬文全集》第27册，秦永龙、董晓萍编《学术书信卷》，高等教育出版社，2018。
66 钟敬文《钟敬文全集》第28册，史玲玲、朱霞、赖彦斌、赵娜编《钟敬文与北师大民俗学史（1949—2013年）》，高等教育出版社，2018。
67 钟敬文《钟敬文全集》第29册，董晓萍、赖彦斌、赵娜编《钟敬文录像图文卷》，高等教育出版社，2018。
68 钟敬文《钟敬文全集》第30册，钟少华、钟宜、曹文瀚编《图片手迹》，高等教育出版社，2018。
69 董晓萍《文献与口头：历史经典名著故事类型》，上海大学出版社，2019。
70 ［法］金丝燕《文化转场：法国早期汉学视野研究》，中国大百科全书出版社，2019。
71 董晓萍《跨文化技术民俗学》，中国大百科全书出版社，2019。
72 董晓萍《跨文化民间叙事学：鲁班研究个案》，中国大百科全书出版社，2019。
73 王一川《中国艺术心灵》，中国大百科全书出版社，2019。
74 李国英《〈说文解字〉研究四题》，中国大百科全书出版社，2019。
75 韩琦《康熙皇帝·耶稣会士·科学传播》，中国大百科全书出版社，2019。
76 ［法］罗栖霞（Julie Lechemin）《法国国家图书馆：汉学图书的跨文化典藏》，中国大百科全书出版社，2019。
77 刘宁《跨文化苏联文学访谈录》，李正荣整理，中国大百科全书出版社，2019。
78 ［爱沙尼亚］于鲁·瓦尔克（Ülo Valk）《信仰故事研究要点》，董晓萍译，中国大百科全书出版社，2019。
79 董晓萍《国家·历史·民俗》，中国大百科全书出版社，2019。
80 ［法］汪德迈（Léon Vandermeersch）《中国教给我们什么？》，［法］金丝燕译，香港中文大学出版社，2019。